이 책을 꼭 읽어야 하는 이유를 말씀드립니다.

참 예쁘고 또 단정한 책이다. 꼭 필요한 내용만 담고 있기 때문이다. 세상에 '글을 잘 쓰는 사람'은 정말 많다. 하지만 '쓸 줄 아는 사람'은 별로 없다. 잘 쓰는 것과 쓸 줄 아는 것은 매우 다르다. 우리가 글쓰기를 통해 얻으려는 공감과 사랑, 좀 더 세밀하게 말해서 팔로워와 독자는 잘 쓰는 사람이 아니라 쓸 줄 아는 사람에게 마음을 허락하기 때문이다. 그런 점에서 이 책은 이제 글을 쓰려고 시작하는 사람들에게 '교과서'처럼 꼭 필요한 책이라고 볼 수 있다. 글을 왜 써야 하고, 무엇을 어떤 방식으로 풀어가야 하는지, 당신이 꼭 알아야 할 것들이 차곡차곡 쌓여 있어서 문제가 생길 때마다 펼치면 쉽게 해결할 수 있을 것이다.

　　　　- 김종원 삭가 | 『66일 인문학 대화법』,『글은 어떻게 삶이 되

글을 왜 써야 할까? 글을 어떻게 하면 잘 쓸까? 많은 사람들이
두다. 유튜브를 하더라도, 릴스를 하더라도, 블로그를 하더
는 것이 바로 글쓰기이기 때문이다. 만약 당신이 글쓰기에
있다면, 글쓰기 하나로 다양한 분야에서 영향력을 만들어 낸 저자의
들어보는 것은 어떨까?

　　　　- 주언규 PD | 『슈퍼노멀』 저자, 유튜브 채널 〈주언규 joo earn gyu〉 운영자

삶을 바꾸는 사치 습관

당신의 삶을 극적으로
변화시킬

부를
끌어당기는
글쓰기

부아c 지음

BM 황금부엉이

아직도 첫 회사에 합격했던 날이 생각납니다. 16년도 더 된 일입니다. 저의 면접 때문에 지방에서 어머니가 올라오셨고, 며칠 후에 제가 어머니를 다시 서울역에 모셔다드리는 중이었습니다. 역에 도착해 기차 대합실에 앉아 있는데 면접을 본 회사에서 전화가 왔습니다. 합격 통지에 저와 어머니는 마치 큰 선물을 받은 것처럼 서로를 껴안고 울었던 것 같습니다. 며칠 뒤, 저의 목에 걸린 대기업 사원증은 저와 저의 어머니의 자부심이 되었습니다.

하지만 몇 년의 시간이 지나자 저는 알게 되었습니다. 내가 회사를 위해서 일할 뿐이고, 나는 수많은 사람들과 같은 부속품일 뿐이라고. 여러 가지 이유로 퇴직을 하거나 퇴직을 당하는 선배들을 보면서 '나도 언젠가는 이렇게 손쉽게 대체되는 사람이 될 뿐이겠구나'라는 생각이 들었습니다. 그 생각이 강해지자 저는 삶의 목표를 잃어버린 것 같았습니다.

임원이 되는 것이 부럽지도 않았습니다. 남들에게 대체될 수 있는 일을 하는 내가 언제든 남에게 대체될 수 있고, 내가 하는 일이 원하던 것이었는지도 헷갈리기 시작했습니다. 평일에는 무거운 몸을 일으켜 회사에 꾸역꾸역 나갔고, 주말에는 무기력하게 집에 누워 있기 일쑤였습니다.

어느 날, 가장 친했던 선배가 회사의 압력 등으로 퇴직을 하게 되었습니다. 그날, 문득 책상에 앉아 명함에 박힌 회사 이름을 가리고 나니 초라한 제 이름만 남았습니다. 비로소 '이대로는 안 되겠다. 내 이름만으로 살아남는 브랜드를 만들어야겠다. 그래, 나도 온라인 명함을 만들어 보자!'라는 결심을 했습니다.

처음에는 무엇을 어떻게 해야 하는지 몰랐습니다. 몇 년 동안이나 이런저런 글을 블로그에 올리고 멈추고 올리고 멈추기를 반복했습니다. 그리다 어느 순간부터 제대로 수제를 결정하고 매일 블로그에 글을 쓰기 시작했습니다. 하루에 1개를 쓰다가 하루에 2개를 쓰고, 어떤 날은 하루에 3개 이상을 쓰기도 했습니다. 그렇게 블로그를 시작한 지 4년이 넘었습니다. 지금은 57,000명의 이웃이 있고, 대부분의 글은 평균 5,000명 이상이 읽어줍니다. 공감도 평균 1,000개, 댓글도 150~200개 정도가 달립니다. 상위 0.1%의 블로그에서 볼 만한 혹은 어떤 블로그에서도 보기 힘든 영향력을 가지게 되었지요.

비단 블로그뿐만이 아닙니다. X, 스레드, 인스타그램 등에 글을 올리고, 단톡방과 다른 커뮤니티를 통해서 많은 작가 및 블로거들과 교류하고 있습니다. X의 팔로워는 6만이 넘고, 스레드와 인스타그램에서도 많은 팔로워를 가지고 있습니다. 『부의 통찰』이라는 책으로 베스트셀러 작가가 되기도 하고 전자책도 여러 권 집필했습니다. 각종 강의 진행과 더불어 온라인에서 유명한 분들과도 교류를 하게 되었습니다. 이 모든 것들이 블로그에 글을 쓰면서 시작되었던 것입니다.

4년 전, 블로그에 제가 글을 쓰기 시작할 때 이 모든 것을 예상할 수 있었을까요? 아닙니다. 전혀 예상하지 못했습니다. 그때는 그저 회사, 집만 반복하는 단조로운 생활에서 벗어나고 싶은 마음뿐이었습니다. 그래서 평소에 읽지 않는 글을 읽고, 평소에 생각하지 않는 것을 생각하고, 평소에 쓰지 않는 것을 쓰기 시작했습니다. 그러다 보니 저도 조금씩 좋은 글을 쓸 수 있는 사람이 되어 갔습니다. 조금씩 제 생각에 공감해 주는 이웃들이 생기니 저는 더 동기 부여를 받고 더 좋은 글을 쓰기 위해서 노력했습니다. 이제 저의 글은 수만 명에게 읽히고 수천 명에게 영감을 주고 있습니다. 저는 제 주변 사람들에게 블로그에 글을 써 보라고 이야기합니다. 그 작은 행동 자체가 많은 것을 바꾸게 된다고 생각합니다. 평소에 쓰지 않는 글을 쓰기 위해, 평소에 하지 않는 생각을 하기 위해, 평소에 읽지 않는 것들을 읽게 될 것입니다. 하루종일 일상에서 글감을 구하려고 노력하게 될지도 모릅니다. 글 잘 쓰는 사람들의 블로그에 가서 글 잘 쓰는 방법이 도대체 무엇인지 연구하게 될지도 모릅니다. 그러다 보면, 저처럼 블로그를 넘어 다양한 플랫폼에 글과 콘텐츠를 올리게 될 겁니다.

이 책은 글쓰기를 해야 하는 이유, 글쓰기를 잘하는 방법, 블로그 및 각종 SNS를 통해서 나를 알리는 방법 그리고 부를 끌어당기는 방법에 대해 이야기합니다. 대부분의 사람이 집과 회사만 반복할 때, 나만의 새로운 온라인 명함을 갖는 길을 제시합니다.

하지만 오해하면 안 됩니다. 저는 본업이 매우 중요하다고 생각합니다. 본업은 우리가 자기계발을 하고 생계를 유지하는 중요한 수단입니다. 처음에는 본업 이외의 시간을 활용할 것을 권합니다. 누구나 하루에 1~2시간의 여유를 확보할 수 있습니다. 그 정도 시간이면 독서와 글쓰기 정도는 할 수 있습니다. 그렇게 수년의 시간을 쌓아가면 누구나 인플루언서가 될 수 있습니다.

저의 책을 읽거나 저의 강의를 듣고 온라인 글쓰기를 시작한 사람들이 어느 정도 시간이 지난 후에 제게 자주 하는 말이 있습니다.

"저는 출퇴근 시간에 멍하니 유튜브만 보았는데, 지금은 블로그와 X 등에 글을 쓰느라고 정신이 없어요. 글을 쓰느라 지하철을 몇 구역이나 지나치기도 합니다."

"요즘에는 TV 보는 시간도 아까워요. 그 시간에 독서를 하고, 다른 사람들의 글을 읽어보고, 블로그와 X 등에 글을 올리고 있습니다."

"저는 1년에 책을 한 권 읽을까 말까였는데, 지금은 글감을 구하기 위해서 1주일에 책을 1~2권씩 읽고 있습니다."

　온라인 글쓰기는 사람을 변화시킬 수 있습니다. 온라인 글쓰기를 위해서는 글감을 생각해야 하고, 이런 생각은 일상에서 글감을 찾고자 하는 변화를 만듭니다. 온라인 글쓰기를 시작했을 뿐인데 삶의 방법이 달라지기 시작하는 것입니다.

　블로그에 글을 쓸 때 자주 저지르는 실수 하나가 있습니다. 주로 검색에 걸리게 하기 위한 정보성 글을 쓸 때 발생합니다. 바로 내용에 집중하기보다 '검색어 반복'과 '상위 노출을 위한 형식'에 집중하는 것입니다. 저는 그것을 '죽은 글'이라고 생각합니다. 자신만의 사고가 담겨 있지 않고 검색 경쟁을 위한 글쓰기를 하는 것은 의미가 없습니다. 저는 블로그에 진심을 담으려고 노력했습니다. 글을 쓸 때 온전히 저의 생각을 담으려고 노력했습니다. 단순 정보를 나누는 것이라면 뉴스 등과 다른 어떤 의미가 있을까요? AI가 쓰는 글과 어떤 차별점이 있을까요?

　저는 블로그를 운영하며 어떻게 글을 쓰는 것이 독자의 마음을 움직일 수 있는지 자연스럽게 고민하게 되었습니다. 그렇게 글을 쓰면서 수천, 수만의 팬들이 생겨났습니다. 그리고 깨달음을 하나씩 얻을 때마다 내가 생각하는 정답을 노트에 적어 두었습니다. 물론, 지금도 계속 정답을 찾아 나가는 과정에 있습니다.

　제가 4년 동안 경험해 깨달은 모든 것을 이 책에 기록했습니다. 진심으로 글을 쓴다는 것이 무엇인지, 독자가 다시 찾고 싶은 블로그 글을 쓸 수 있는 방법은 무엇인지, 이웃들이 나를 기억하게 하는 나만의 브랜드를 만드는 비법은 무엇인지 이야기했습니다. 다만, 이 책은 블로그 개설, 블로그 꾸미기, 애드포스트 연결, X 및 스레드를 등록하는 방법 등의 기술적인 부분은 다루지 않거나 최소한만 다루었습니다. 인터넷 검색으로 쉽게 찾을 수 있는 기본적인 정보는 굳이 이 책에 담을 필요가 없기 때문입니다.

가장 중요한 것은 일단 쓰기 시작하는 것입니다. 저는 많은 분들이 온라인 글쓰기의 재미와 가능성을 알게 되셨으면 좋겠습니다. 누구나 할 수 있습니다. 평범한 회사원이었던 저도 4년 전에 글쓰기를 시작하면서 소위 인플루언서가 되었고, X, 스레드 및 인스타그램에서도 꽤 알려진 사람이 되었습니다. 당신도 할 수 있습니다. 우선, 이 책을 처음부터 끝까지 세심하게 읽어주십시오. 당신의 위대한 여정을 제가 돕겠습니다. 지금부터 저와 함께 온라인 글쓰기의 세계로 떠납시다. 이 여행을 통해 당신의 삶에 큰 변화가 생길 것이라고 확신합니다.

차
례

프롤로그　　　　　　　　　　　　　　　　　　　　　　　　　　4

1장　당신이 지금 글쓰기를 해야 하는 이유

1　회사만 다니다 인생을 끝낼 것인가?　　　　　　　17

2　아무도 나를 책임지지 않는다　　　　　　　　　　21

3　영향력이 돈이 되는 사회　　　　　　　　　　　　25

4　독서와 글쓰기는 사고력을 높인다　　　　　　　　30

5　인생을 바꾸는 5가지 지능　　　　　　　　　　　35

6　행복해지고 싶다면 글을 써라　　　　　　　　　　38

7　내 삶의 주인공이 되기 위해서　　　　　　　　　42

2장 좋은 글은 어떻게 쓰는가

1	좋은 글쓰기를 하는 방법	49
2	글쓰기는 특별한 것이 아니다	52
3	좋은 글을 쓰는 3가지 마인드	55
4	온라인 글쓰기의 10가지 기본	61
5	온라인 글쓰기의 10가지 심화	70
6	주제는 어떻게 정하는가	84
7	소재는 어디서 구할 것인가	88
8	온라인 글쓰기에서 중요한 스토리와 포맷	91
9	좋은 문장을 수집해 나만의 문장을 만들자	95
10	질과 양 중에 무엇이 더 중요할까?	100
11	글을 계속 쓰게 하는 에너지를 얻는 법	103
12	댓글을 유도하라	107

3장 영향력 있는 인플루언서 되는 법 – 기본 편

1	마케팅 퍼널을 활용하라	113
2	어떤 것이 인플루언서 블로그인가	117
3	블로그 상위 노출의 비밀	120
4	블로그를 홍보하는 7가지 방법	124

5 블로그 글쓰기에서 피해야 할 것 132

6 블로그 글을 발행하기 전에 체크해야 할 것들 135

7 X에서 성공적으로 자리 잡는 법 138

8 돈이 되는 X 활용법 143

9 스레드, 잘 알고 시작하자 147

10 인스타그램, 잘 알고 시작하자 153

4장 영향력 있는 인플루언서 되는 법 - 심화 편

1 SNS를 모두 연결하라 163

2 다른 플랫폼과 시너지를 내는 법 166

3 Win-Win 하라 171

4 집중의 시기가 필요하다 174

5 당신의 결심을 주변에 알려라 177

6 명심해야 할 마인드셋 181

7 전자책을 써라 189

8 온라인 수익화는 어떻게 이뤄지는가 194

9 처음으로 돌아간다면 다르게 할 것 10가지 198

5장 글을 나누어 부를 창출하라

1   본질이 가장 중요하다   213

2   나누면 돌아오게 되어 있다   216

3   나눔의 핵심은 사랑이다   219

4   진정한 부란 무엇일까?   223

부록 온라인 글쓰기에 대한 Q&A   226

에필로그   250

1장

당신이 지금 글쓰기를
해야 하는 이유

일러두기

글을 읽기 전에 자주 반복되는 용어를 정리합니다.

블로그   이 책에서 블로그는 네이버 블로그를 통칭합니다. 네이버 블로그는 2003년부터 시작해서 지금은 3,000만 개 이상의 블로그가 존재하는 대한민국에서 가장 대중적인 글쓰기 플랫폼입니다.

X   기존의 트위터를 말합니다. 일론 머스크가 트위터를 인수한 뒤 X로 이름을 변경했습니다. 국내 MAU(Monthly Active User), 즉 월간 순 방문자 수가 400만 명이 넘는 짧은 글쓰기를 기반으로 한 플랫폼입니다.

스레드   메타(구 페이스북)가 X에 대응하기 위해 2023년 7월에 론칭한 텍스트 기반의 SNS입니다. 현재 국내 MAU(Monthly Active User)가 70만 명 수준이지만 향후 성장 가능성이 높습니다.

인스타그램   메타(구 페이스북)의 대표적인 플랫폼으로 국내 MAU(Monthly Active User)가 1,800만 명에 달하며 대한민국에서 대표적으로 사용되는 SNS입니다.

이 책은 저의 경험에 기초한 내용을 담고 있습니다. 제가 이야기하는 것이 정답은 아닙니다. 부를 끌어당기기 위한 글쓰기의 다양한 방식이 있을 수 있습니다. 저의 방식은 온라인 글쓰기로, 인플루언서 블로그 및 주요 플랫폼에서 인플루언서가 되는 하나의 방법론으로 생각하시면 좋겠습니다. 그럼에도 글쓰기를 무기로 누구나 쉽게 따라 할 수 있는 가장 효과적인 방법이라고 확신합니다.

회사만 다니다
인생을 끝낼 것인가?

'나도 내 인생을 한번 바꿔봐야겠다!'

나는 허리 디스크로 입원한 적이 두 번이나 있다. 첫 번째는 힘들었고, 두 번째는 지옥이었다. 두 번째 허리 디스크가 터졌을 때 의사는 내게 '다시는 걸을 수 없을지도 모른다'는 말을 했다. 그만큼 심각했다. 진짜 그렇게 되면 너무도 큰일이었다. 내가 노동을 하지 않으면 아내와 두 아들에게 줄 수 있는 것이 없다. 잦은 야근과 술자리 때문에 내가 이 병에 걸렸는데, 다시 잦은 야근과 술자리를 해야 하는 회사에 가지 않으면 돈을 벌 수 없다는 사실이 나를 괴롭게 했다.

통장에는 100만 원도 채 남아 있지 않았다. 나의 무력함에 분노가 치밀고, 조금 지나니 스스로에게 화가 나서 며칠 밤을 울면서 지냈다.

그리고 다시 며칠이 지나니 마음이 차분해졌고, 어느 순간 내가 할 수 있는 것들을 노트에 적어보기 시작했다. 그런데 신기했다. 쓰면 쓸수록 내 마음이 평온해지고, 내가 목표로 해야 할 길이 명확해졌다. 그때 글쓰기가 나에게 주는 마법을 경험하기 시작했던 것 같다. 병원에서 퇴원한 이후 나는 회사로 복귀했지만, 틈틈이 독서와 글쓰기를 하기 시작했다. 이제 나는 더 이상 회사와 집만 왔다 갔다 하는 사람으로 살고 싶지 않았다.

글쓰기를 하면서 좋았던 것은 공짜라는 점이다. 블로그는 아무나 개설할 수 있다. 아무나 글을 쓸 수 있다. 돈이 들지 않는다. 아니, 오히려 내 글을 쓰고, 내 글에 달린 광고를 다른 사람이 보면 네이버에서 돈을 준다. X에 쓴 내 글에 광고가 붙고, 내 글을 다른 사람이 보면 나는 X에서 돈을 받는다. 이렇듯 글쓰기는 돈이 들지도 않고, 오히려 돈을 벌 수 있게 해준다.

또 글쓰기를 하면서 회사에 국한된 인간관계를 넓힐 수 있었다. 글쓰기를 하면서 다양한 분야와 다양한 연령대의 사람들과 소통하게 되었다. 내 글에 댓글을 단 사람들에게 대댓글을 단다. 그들의 블로그를 방문해 글을 읽고 나의 의견을 단다. 마음에 드는 사람들과 단톡방을 만들거나 오프라인으로 만나 서로 의견을 나누기도 하고, 독서 토론 클럽을 만들어 주기적으로 온라인 토론을 하기도 했다. 이런 활동들이 나의 인간관계를 넓혀주었다. 회사에 다니면 회사 내의 인맥만 만나게 된다. 각 부서의 영업사원, 마케터, 연구원 등을 만나고 가끔 외주업체나 공장 분들, 고객을 만난다. 누구를 만나도 내가 담당하는 업무에 관련된 사람만 만나게 된다. 매일 그런 하루를 반복하다 보면 세상을 보는 시야가 좁아질 수밖에 없다.

글쓰기를 하면서 나 자신에 대해 더 잘 알 수 있었다. 나는 회사 생활을 싫어하는 사람이었다. 회사 내 인간관계에도 큰 스트레스를 받고 있었다. 하지만 나는 그 사실을 잘 몰랐다. 항상 내가 나에게 '괜찮아, 할 만해'라고 거짓말을 했으니까. 하지만 글을 쓰면서 나의 진심을 알게 되었다. 나는 회사를 싫어하는 사람이고 이렇게 살다가 인생을 끝내고 싶지는 않다고. 이렇듯 글쓰기는 나에게 하나의 탈출구가 되어주었다.

또한 온라인 글쓰기는 자기계발에 가장 큰 도움이 되었다. 블로그에 좋은 글을 쓰기 위해서는 내가 좋은 글을 읽고, 좋은 생각을 해야 한다. 과거에는 책을 소비자의 자세로 읽었다면 어느 순간부터는 생산자의 입장에서 읽기 시작했다. 즉, 내가 글을 쓰기 위해서 글감을 찾는 방식으로 글을 읽기 시작한 것이다. 이러한 목적성은 내가 글의 내용을 이해하고 해석하는 데 큰 도움이 되었다.

글쓰기의 가장 큰 혜택은 역시 온라인 명함이다. 그런 다양한 활동을 통해서 결국 나는 강력한 온라인 명함을 얻게 되었다. 블로그, X, 스레드에서 나를 모르는 사람이 거의 없을 정도로 나는 크게 성장했다. 예를 들어, 블로그에 부아c를 검색하면 1만 개가 넘는 포스팅이 있다. 나는 글을 3,000개 정도 썼는데 이웃이 나를 언급한 것은 3배가 넘는다. 그리고 99%가 나에 대한 긍정적인 포스팅이다.

나는 이제 회사에 다니지 않는다. 회사에 다니지 않아도 될 만큼 충분한 현금 흐름을 이미 온라인 명함을 통해서 만들고 있다. 오히려 내가 회사에 다닐 때 만나던 대부분의 사람들보다 더 많은 돈을 더 짧은 시간에 벌고 있다. 그리고 마음만 먹으면 지금보다 더 큰돈을 벌 수도 있다고 생각한다. 무엇보다 나는 회사에 다닐 때보다 몇 배는 행복하다.

이 모든 것이 온라인 글쓰기를 시작하고, 꾸준하게 실행했기 때문에 얻은 결과다. 그 과정에서 대단한 비법 같은 것은 없었다. 그저 매일 썼을 뿐이고, 매일 조금씩 나아지려고 노력했을 뿐이다.

내가 늘 생각하는 것이 있다. 누구나 할 수 있고, 대단한 재능이나 지능은 필요하지 않다. **나도 했으니 당신도 할 수 있다.** 회사에서 이사, 상무 등 임원으로 승진하는 사람은 1%도 되지 않는다. 대기업일수록 더 그렇다. 언제까지 당신은 그 작은 가능성에 모든 것을 걸고 있을 것인가?

아무도 나를
책임지지 않는다

우리는 현실을 직시할 필요가 있다. 현실을 제대로 알아야 미래를 준비할 수 있기 때문이다. 이 세상의 그 누구도 나를 책임져 주지 않는다. 시대가 바뀌고 있다. 과거에는 학교가 나를 책임져 주었다. 좋은 성적을 받고 좋은 대학에 가면 좋은 곳에 취업할 수 있었지만, 지금은 좋은 학력과 성적이 좋은 곳의 취업을 보장하지 않는다.

과거에는 가능했을지도 모른다. 회사는 평생 고용을 제안했고, 괜찮은 대학을 졸업하면 취업의 문도 넓었다. 입사만 하면 30년 이상을 일할 수 있었고 노후도 어느 정도 보장받을 수 있었다. 나의 아버지는 한 직장에서 40년을 넘게 일했고 나의 어머니는 한 직장에서 30년을 일했다. 내가 대학생 시절 우리나라 주요 은행의 조기퇴직 대상자는 50대 이상이었다. 내가 사회 초년생이 되자 40대가 조기퇴직을 권유받게 되었고 지금은 30대도 조기퇴직을 권유받고 있다. 이런 현실에서 소위 말하는 대기업, 공기업에 취업한다 한들 회사가 나의 인생을 책임져 줄 수 있을까?

지금 시대에는 평생직장 같은 건 없다. 아무도 나를 책임지지 않는다. 과거에는 직업이 수명보다 길었지만, 지금은 수명이 직업보다 더 긴 시대다. 빠르게 변화하는 사회에서 나의 직업이 10년, 20년 뒤에도 여전히 가치 있을지 그 누구도 확신할 수도 없다.

그런 측면에서 회사도 사람을 뽑는 데 더 신중해질 수밖에 없다. 지금 회사는 준비될 수 있는 인재를 뽑는 것이 아니라, 준비된 인재, 지금 당장 써먹을 수 있는 인재를 뽑는다. 반대로 이야기하면 지금 당장 필요 없어지면 언제든 자를 수도 있다는 이야기다. 회사는 더 이상 채용을 하지 않는다. 회사는 그저 직원과 계약을 할 뿐이다. 프로야구 구단이 선수와 맺는 계약, 그런 방식이 앞으로 모든 회사와 근로자의 관계가 될 것이다.

이런 시대를 우리는 어떻게 살아야 할까? 학교와 사회, 가정이 말하는 올바른 기준이란 없다는 것을 명심해야 한다. 그들이 말하는 정답은 없고, 각자의 정답이 있는 것이다. 각자가 각자의 정답을 찾고 나아가야 하는 시대다. **모두가 같은 것을 해야 하는 시대, 강요받는 시대가 아니라 각자가 가진 색깔을 드러내도 충분히 박수를 받을 수 있는 시대가 온 것이다.**

새로운 시대에 적응하기 위해서는 우선 내가 나를 잘 알아야 한다. 아이가 초등학교에 입학하고 가장 먼저 하는 것 중의 하나가 일기를 쓰는 것이다. 일기를 쓰는 것은 글자를 익히는 의미도 있지만 자아를 표현하기 시작하는 의미도 있다. 우리는 우리의 생각을 적으면서 비로소 스스로의 생각을 정리하고 확장시키며 나를 드러낼 수 있게 되는 것이다. 나 자신을 알게 되면 내가 무엇을 좋아하는지, 무엇을 하고 싶은지를 찾을 수 있다. 즉, 각자의 정답을 찾을 수 있다는 것이다.

이 모든 것들이 결국은 독서와 글쓰기를 통해 가능하다. 독서는 세상을 배움으로써 나를 더 깊이 이해할 수 있도록 만들어 준다. 글쓰기는 나를 찾아가는 기회를 만들어 준다. 물론, 우리는 바쁜 세상을 살고 있다. 많은 사람들이 독서와 글쓰기를 할 시간이 없다고 말할지도 모른다. 그렇지만 지하철을 타면 대부분의 사람이 유튜브나 쇼츠, 게임 등에 빠져 시간을 보낸다. 하루에 영상을 2시간 이상 접하는 사람도 매우 많을 것이다. 그런 시간을 활용해 하루에 최소한 1시간은 독서와 글쓰기를 위해 사용해 보자. 타인의 삶에만 빠져 사는 것이 아니라 나의 삶에도 관심을 가지고 나와 대화를 시작해보자. 다시 일기를 쓰던 초등학교 1학년 시절로 돌아가 보는 것이다.

나는 지금이 어느 때보다도 살기 좋은 시대라고 생각한다. 굶어죽는 사람도 없고 온라인을 통해서 누구든 쉽게 글을 읽고 쓸 수 있는 시대이기도 하다. 하지만 동시에 그 누구도 우리를 보호해 주지 않는 세상으로 가고 있기도 하다. 학교도, 회사도, 가정에서도 알려주지 않는 정답을 각자 스스로 찾아야 한다. 그것이 21세기를 살아가는 우리의 숙명이다.

모든 습관은 100일을 지속하면 굳어진다고 한다. 오늘부터 매일 1시간씩 독서와 글쓰기를 하길 바란다. 독서 30분, 글쓰기 30분 정도로 균형을 맞추는 것을 추천한다. 독서는 내가 지금 가장 고민하는 주제의 책을 선택하는 것이 좋고, 글쓰기도 나의 고민과 나의 목표를 적는 것으로 시작해 보자. 익숙해지면 시간을 조금씩 늘리고 주제도 조금씩 확장해 보자. 명심하자. 독서와 글쓰기를 꾸준히 하는 사람은 인생에서 승리할 수밖에 없다.

영향력이
돈이 되는 사회

어느 날, 우연히 다음과 같은 그림을 보았다. 이 도표를 보는 순간 나는 충격에 빠졌다. 내가 평소에 조금씩 생각하던 주제에 대해서 명확한 그림이 그려지는 순간이었다. 그 순간부터 나는 미래의 부에 대한 구체적인 로드맵을 그려볼 수 있었다.

2090년의 미래 계급에 대해서 서울대 유기윤 교수팀은 1계급, 2계급, 3계급과 그 외 프레키아트 계급으로 분류했다. 1계급은 0.001%, 2계급은 0.002%, 3계급은 AI이며 그 외는 단순 노동자로 절대다수를 차지하게 된다. 서울대 유기윤 교수팀은 미래 계급이 도래할 시기로 2090년을 예상했지만, 이들이 예상한 미래는 이미 다가오고 있다. 혁신은 늘 우리의 생각보다 빠르다. 미국의 플랫폼 기업은 웬만한 국가

■ 2090년 미래 계급 전망

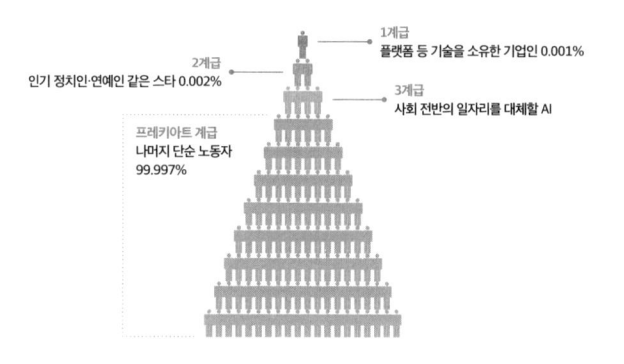

1계급
플랫폼 등 기술을 소유한 기업인 0.001%

2계급
인기 정치인·연예인 같은 스타 0.002%

3계급
사회 전반의 일자리를 대체할 AI

프레키아트 계급
나머지 단순 노동자
99.997%

보다 더 많은 부를 만들고 있고, 개인의 부가 작은 국가의 부를 능가하기도 하고, 유튜브 등의 미디어를 통해 소수의 콘텐츠 제작자들이 과거에는 불가능했던 부를 쌓고 있다. 인공지능의 발전으로 인해 노동은 대부분 AI로 대체되면서 부의 양극화는 점점 더 심해질 것이다. **결국 미래에는 0.1% 이하의 사람이 전체 부의 99.9% 이상을 소유하는 세상이 될 것이다.**

노동과 기간을 투입해서 돈을 버는 전통적 개념의 직업은 우리 자녀 혹은 미래 세대에는 보기 힘들어질 수도 있다. 그때는 누가 어떤 자산을 가지고 있느냐가 더 중요할 것이다. 앞으로 다가올 그 시대에서 살아남기 위해 우리와 우리 자식 세대가 해야 할 일은 좋은 자산을 모아가는 것이다. 미래 사회에 필요한 대표적인 자산은 AI 기업 지분, 토지 지분 등의 유형 자산과 인플루언서, 저작권 등의 무형 자산이다. 이

중에 하나를 가지고 있거나 둘 다 가지고 있는 사람은 인공지능에 대체되지 않는 상위 그룹을 차지하게 되고, 그 외에는 인공지능에 대체되어 국가(혹은 거대 기업)에서 주는 기본소득을 받으며 살아갈 가능성이 높다.

나는 이 도표를 보면서 먼저 2계급으로 가야 한다는 생각을 했다. 1계급으로 가기 위해서는 많은 돈이 필요하다. 하지만 나는 그 정도의 자산이 없다. 다행히 2계급으로 가는 데에는 자산이 필요하지 않았다. 그저 내가 방법을 알고 매일 나의 생각과 아이디어를 주변과 나누기만 하면 되는 것이다. 이미 수많은 사람들이 그 방법으로 인플루언서가 되었고, 지금도 되어 가고 있다.

크게 나누면 글을 쓰는 방법과 영상을 만드는 방법이 있다. 블로그 등에서 글을 기초로 한 많은 인플루언서가 만들어지고 있고, 유튜브를 중심으로 영상을 통해서 또 다른 인플루언서들이 만들어지고 있다. 나는 글이 편한 사람이다. 그렇기 때문에 블로그에 매일 꾸준히 글을 올리면서 글을 쓰는 방법으로 인플루언서가 되어야겠다고 결심했다.

당신도 할 수 있다. 하지만 지금부터 준비해야 한다. 시간이 지날수록 인플루언서가 되기는 어려워지기 때문이다. 아직 2090년이 되려면 시간이 있다. 아직은 AI가 태동하는 초기 시기이니, 지금부터 시작한다면 당신도 인플루언서가 될 수 있다.

인간 노동력의 가치는 점점 줄어들 것이다. 그것은 육체적 노동뿐만 아니라 정신적 노동을 포함한다. 이미 우리 사회에서 그러한 증거를 쉽게 확인할 수 있다. 좋은 직장은 점점 줄어들고 있고, 유아기부터 좋은 대학을 위한 경쟁이 시작된다. 좋은 대학에 가기 위해 치열하게 경쟁하지만, 좋은 대학을 나와도 좋은 직장에 취업하기 힘들다. 좋은 직장에 취업을 해도 내 집을 마련하며 중산층 이상의 삶을 살기가 힘들다.

왜 그럴까? 결론은 좋은 직장이 줄어들고 있기 때문이다. 그래서 우리는 계속 그런 경쟁을 위한 경쟁에 자신을 노출시켜도 사실 답이 없다. 설령 경쟁에서 이긴다고 하더라도 그 보상은 먹고살 만한 정도에 그칠 것이다. 경쟁에서 밀린다면 먹고사는 것조차 어려울 수 있다. 보통의 사람들은 50~60세에 직장을 잃지만, 그 이후에도 40년 이상을 살아가야 한다. 그 시기를 어떻게 살아갈 것인가? 모아 둔 돈도 없이 숨만 겨우 쉬는 삶은 얼마나 비참할 것인가?

영향력은 돈이 된다. 아니, 영향력이 돈이 된다. 연예인들이 이를 증명하고 있지 않은가. 대한민국 사람들이 대부분 아는 유명 연예인들은 부자다. 방송에 한 번 나오면 수백, 수천만 원의 돈을 번다. 그들이 유튜브를 시작하든, 인스타그램을 시작하든 금세 수십만 명이 모인다. 그들은 사업을 해도 이미 유명세가 있어서 일반인에 비해 훨씬 유리하다.

'돈이나 명예, 권력보다 사람의 마음을 사는 것에 집중해라. 결국에는 사람이 모든 것을 가지고 있기 때문이다.'

'유명해서 책을 쓰는 것이 아니라 책을 써서 유명해지는 것이다.'

유명인, 연예인, 인플루언서란 결국 사람의 마음을 사는 것이라고 생각한다. 가장 우선되어야 하는 것은 내 생각과 아이디어를 많은 사람에게 전달하면서 나를 알리고, 내 글을 읽는 사람을 나의 팬으로 만드는 것이다. 내가 보았을 때 일반인이 유명해질 수 있는 가장 쉬운 길은 글쓰기다. 글쓰기를 통해서 나의 브랜드를 쌓아가는 것이다. 이렇게 한 번 쌓인 브랜드는 웬만하면 무너지지 않는다. 글쓰기의 영역에서는 더욱 그렇다. 이 책을 통해서 '어떻게 하면 평범한 사람이 인플루언서 블로거가 될 수 있는지'에 대해 내가 아는 핵심 노하우들을 자세히 공유하려고 한다.

당신은 언제까지 생산자가 아닌 소비자로 살 것인가? 회사에만 올인한다는 것은 회사를 통해서만 나를 생산자로 만드는 것과 같다. 회사 이름을 떼고 난 다음의 내 이름은 별 가치가 없다. 언젠가는 회사를 그만두게 될 텐데, 내 이름의 가치를 미리 만들어야 하지 않을까?

바야흐로 개인의 온라인 명함이 학벌을 이기는 시대가 오고 있다. 학벌이 뛰어나지 않은 개인들이 학벌이 뛰어난 전문가보다 더 유명하고, 더 신뢰받고, 더 돈을 많이 버는 세상이 되어 가고 있다. 아니, 의사나 변호사도 이제는 자신을 알려야만 살아남는 시대다.

앞으로 50년 이상을 살아갈 우리는 온라인 명함을 만드는 것에 절대 소홀해서는 안 될 것이다. 당신이 무엇을 하고 있든 온라인 명함이 필수인 시대에 살고 있다. 이미 그 시대가 시작되었고, 아직은 시대의 초기를 지나고 있다. 누구나 할 수 있고 당신도 지금 바로 시작해야 한다.

독서와 글쓰기는
사고력을 높인다

　나는 20대 중반부터 수많은 책을 읽었다. 세어보지는 않았지만 대략 1,000권이 넘는 책을 읽은 것 같다. 그런데 그 과정에서 내가 얻은 것은 지식보다는 오히려 사고력이었다. 내가 얻은 지식보다 책을 읽으면서 생각하는 능력을 키운 것이 더 가치가 있었다고 생각한다. **지식은 단기간에 쌓을 수 있지만, 사고력은 단기간의 노력으로 높이기 힘들기 때문이다.**

　유태인들은 갑자기 천사가 나타나 "『토라(유대인의 경전)』의 모든 가르침을 순식간에 체득시켜 주겠다"고 해도 이를 거절하라고 가르친다. 나도 같은 생각이다. 천사가 『토라』를 다 외우게 해준다면 그건 지식이 되지만, 토라를 익히기 위한 사고력은 높아지지 않기 때문이다. 책을 읽어서 얻는 지식보다, 책을 읽으며 늘어나는 독해력과 사고력이 더 가치가 있다는 말이다.

예를 들어보자. 어려운 특정 분야의 책을 처음 읽을 때는 4시간이 걸린다 해도 같은 분야를 계속 읽다 보면 어느 순간 1~2시간에도 읽게 된다. 그 분야의 지식이 높아진 것도 있겠지만, 생각하는 능력, 사고하는 방식이 좋아졌기 때문이다. 그 상태에서 다른 분야의 책을 읽어도 읽는 속도가 더 빨라진다. 하지만 현대 사회에는 큰 문제가 있다. 스마트폰의 범람과 자극적인 영상이 늘어남에 따라 우리가 독서하고, 생각하는 시간이 급격하게 줄었다는 것이다.

문화체육관광부의 2021년 국민 독서실태 조사에 따르면 최근 1년간 한국인의 종합 독서율은 48%에 불과하다. 즉, 한국 성인 5명 중 2명만이 1년 동안 책을 읽었다는 뜻이다. 종이책과 전자책, 오디오북을 포함한 수치인데도 그렇다. 심지어 1년간 단 한 권의 책도 읽지 않았다는

■ 연간 독서율

출처 문화체육관광부

62 56 48 종이책+전자책+오디오북 (종합 독서율)
60 52 41 종이책
14 17 19 전자책
－ 4 5 오디오북

■ 2017년 ■ 2019년 ■ 2021년

응답이 50%가 넘는다. 한국인의 연간 종합 독서량은 4.5권에 불과하다. 이는 OECD 국가 평균인 16권에 크게 못 미치는 수치다. 한국인들의 독서량은 그렇게 저조하다.

한국인들이 책을 읽지 않는 데에는 여러 가지 이유가 있을 것이다. 가장 큰 이유는 바쁜 일상으로 시간이 부족하기 때문이다. 한국은 다른 어떤 나라보다 긴 시간 노동하는 나라다. 하지만 시간 부족을 이유로 하기에는 TV를 보거나 컴퓨터 게임을 하는 시간이 꽤 길다.

더 큰 문제는 독서량이 점점 줄어든다는 것이다. 독서실태 조사만 보아도 1년에 책을 한 권 이상 보는 비율이 2017년에 62%였지만 2021년에는 48%로 줄었다. 2023년에는 40% 초반에 달할 수 있고, 미래에는 30%까지 내려갈지도 모른다. 조만간 전 국민 3명 중에 1명만이 1년에 책 한 권을 읽는다는 수치가 나올지도 모른다.

책을 읽지 않는다면 인간의 두뇌를 계발하기 힘들다. 삶의 대부분을 일하는 데 보내고 남는 시간을 영상을 보며 보낸다면 두뇌를 계발할 시간은 절대적으로 부족해질 것이다. **앞으로 사고력을 키우는 사람과 사고력을 키우지 않는 사람 간의 격차는 더 크게 벌어질 것이다.**

『공부머리 독서법』을 쓴 최승필 작가는 책에서 이렇게 말했다.

"인간의 뇌는 1,000억 개의 신경세포(뉴런)로 이루어져 있는데, 1,000억 개의 신경세포들은 시냅스라는 틈으로 서로 연결돼 있습니다. 이 틈이 얼마나 조밀하고 원활하게 연결되어 있느냐가 그 사람의 지적, 정신적 능력을

어떤 일을 할 때는 그냥 시작하라.
우리는 너무나 자주 시작하지 않을 이유에 대해서 생각한다.
'나중에 할까', '공부를 한 다음에 할까',
'더 완벽하게 준비해서 시작하고 싶은데' 등등의 생각을 한다.
옛 속담에 '시작이 반이다'라고 했다.
나는 그 말이 정확하다고 생각한다.
지금 시작하지 못하면 언제까지 미루게 될지 모른다.
시작하기에 완벽한 순간이란 결코 오지 않는다.

결정합니다. 재미있는 것은 사람의 뇌를 어떻게 쓰느냐에 따라 이 연결 방식이 계속해서 달라진다는 점입니다. 뇌과학에서는 이것을 '뇌의 신경 가소성'이라고 합니다. (중략) 머리는 쓰면 쓸수록 좋아집니다. 책 읽기는 머리를 활발하게 쓰는 활동입니다. 독서야말로 두뇌를 업그레이드하는 가장 쉽고 훌륭한 방법입니다."

'현대인들은 고대 그리스 시대 일반인의 1/10 이하로만 생각하고 있다'는 말이 있다. 그들이 걷고, 이야기하고, 사색했다면 우리는 데 스크 앞에서 주어진 일만 하고 있기 때문이다. 이렇게 보면 인간은 '진화'하는 것이 아니라 '퇴화'하는 것일 수도 있다는 생각을 해 보게 된다. 그렇게 본다면 한국인의 생각하는 능력은 점점 더 퇴화하고 있 는 것이다.

우리가 아는 성공한 사람들은 대부분 독서를 가까이했다. 스티브 잡스도 독서광이었다. 그는 어린 시절 지구 대백과 사전에 빠져 살다 시피 했다. 소프트뱅크의 손정의는 병상에서 3,000권의 책을 읽었다는 이야기로 유명하다. 비단 독서뿐일까? 나는 독서가 결국은 글쓰기로 연결된다고 생각한다. 독서는 소비자의 입장에서 접근하는 방식이다. 글쓰기는 사고력을 비약적으로 증진시키고 나아가 독서 방식까지 바 꾼다. 모든 독서가 글쓰기를 위한 방식으로 바뀔 수 있다는 뜻이다.

아마존 창업자 제프 베이조스는 "글쓰기가 사고력 계발의 전부"라 고 말했다. 20년 전 졸업한 하버드생 1,600명을 대상으로 한 조사에서 인생에 가장 도움이 된 과목을 물었다. 90% 이상이 '글쓰기 수업'이라고 답했다고 한다. 에어비앤비 창업자들에게 기업 가치 35조 원을 만든 비결을 물었을 때 그들은 "글쓰기가 경영과 삶의 가장 강력한 도구가 되었다"고 말했다. 글쓰기는 삶의 강력한 무기가 된다. 중국 송나라의 대표적 문장가 구양수도 이렇게 이야기했다.

> "말을 잘하고 글을 잘 쓰려면 3多가 필요하다. 3多는 다독, 다상량, 다작, 즉 많이 읽고, 많이 생각하고, 많이 쓰는 것이다. 그중에서 가장 중요한 것이 바로 다독이다. 다독을 해야 다상량도, 다작도 가능하기 때문이다."

나는 이렇게 생각한다.

"일단 써보자. 그러면 생각하게 되고, 글감을 찾기 위해 생산자의 시각으로 책을 읽게 될 것이다."

당신도 독서와 글쓰기를 통해 자신만의 경쟁력을 가지길 바란다. 독서량이 줄어들고, 글쓰기도 줄어드는 이 시대에 이 둘을 꾸준히 하는 사람이 인생에서 승리할 수밖에 없을 것이다.

인생을 바꾸는 5가지 지능

지금까지 사회생활을 하고, 여러 인플루언서를 만나면서 성공한 사람들이 공통적으로 가지고 있는 5가지 지능이 있다는 것을 알게 되었다. 이는 우리가 흔히 아는 지적 능력이 아니다. 지적 능력이 뛰어난 분들은 의사, 검사, 외교관, 연구자 등을 하고 있을지도 모른다. 그들의 지적 능력은 평범한 사람들보다 조금은 더 높을 것이다. 정말 어려운 시험을 여러 번 통과한 사람들이기 때문이다. 하지만 내가 만났던 사업가들, 각 분야의 리더들, 온라인 인플루언서 등은 조금 결이 다른 지능들을 가지고 있었다.

첫 번째는 언어 지능이다. '언어 지능'은 그 사람이 쓰는 언어(어휘, 말투)에서 나타난다. 말을 어떻게 하느냐, 글을 어떻게 쓰느냐와 관련이 있다. 어려운 말을 한다는 의미가 아니라 다른 사람을 고양시킬 수 있는 따뜻한 말, 힘이 되는 말, 의미가 있는 말을 할 수 있는 사람들이다. 반면, 이유 없이 남을 기분 나쁘게 하는 언어는 거의 사용하지 않는다.

두 번째는 공감 지능이다. '공감 지능'은 그 사람이 타인의 감정을 어떻게 느끼는지를 보면 알 수 있다. 타인의 감정에 공감을 할 수 없는 사람은 리더가 될 수 없다. 인플루언서도 될 수 없다. 기본적으로 남의 아픔과 슬픔, 기쁨과 분노 등을 잘 이해하고 있어야 타인의 지지를 얻을 수 있기 때문이다. 타인의 지지를 얻을 수 없다면 성공한 사업가, 리더, 인플루언서가 될 수 없다.

세 번째는 도덕 지능이다. '도덕 지능'은 그 사람이 옳고 그름을 어떤 기준으로 판단하는지를 보면 알 수 있다. 도덕 지능이 없이도 성공한 사업가나 리더, 인플루언서가 될 수 있다. 하지만 오래 가지 못한다. 세상에 비밀은 없듯이 도덕 지능이 없이 높이 올라간 사람들은 언젠가는 스스로 끌려 내려오게 된다. 남이 끌어내리기 전에 이미 스스로 끌려 내려오게 되는 것이다.

네 번째는 자기 성찰 지능이다. '자기 성찰 지능'은 그 사람이 경험을 통해 무엇을 배우는지를 보면 알 수 있다. 자신의 경험에서 배우지 못하는 사람은 늘 제자리걸음이다. 성장할 수 없으며, 성장의 모범을 보일 수 없으니 주변에 사람이 따르지 않는다.

다섯 번째는 인내 지능이다. '인내 지능'이 높으면 포기를 모른다. 앞의 4가지를 모두 갖추었더라도 이 지능이 없다면 무용지물이다. 세상은 그렇게 간단하지가 않다. 매일매일이 도전이다. 오늘 내가 하는 것을 내일도 하고 모레도 하고, 내년에도 하고 10년 뒤에도 하는, 그런 인내와 꾸준함이 없다면 어떤 것도 이루지 못한다.

좋은 소식이 있다. 언어 지능, 공감 지능, 도덕 지능, 자기 성찰 지능, 인내 지능 이 모두는 지적 능력과 달리 후천적으로 연마가 가능하다는 것이다. 어떻게 연마해나갈 수 있을까? **나는 이 5가지를 모두 기를 수 있는 것이 바로 독서와 글쓰기라고 생각한다.** 독서와 글쓰기를 꾸준히 하면 아니, 좋은 독서와 글쓰기를 꾸준히 하면 5가지 지능이 모두 연마가 될 것이다. 그렇게 인생을 사는 사람은 실패하는 게 더 어렵다. 당신의 매일을 독서와 글쓰기로 채우길 바란다. 아무리 바쁘더라도 1시간 아니, 30분만 독서와 글쓰기로 채워보자. 당신이 내 책을 여기까지 읽었다면 이미 20분 이상의 시간을 채운 셈이다. 이처럼 하루에 30분 혹은 1시간을 독서와 글쓰기로 채우는 것은 그리 어려운 일이 아니다.

그런 하루들이 쌓여서 인생에서 승리할 수 있다. 굳이 승리가 아니라도, 당신이 원하는 인생을 살 수 있게 될 것이다. 이 모든 것을 가능하게 하는 것이 바로 독서와 글쓰기다.

행복해지고 싶다면 글을 써라

데시(Deci)와 라이언(Ryan)의 '자기 결정성 이론'이 있다. **자율성, 유능성, 연결성이 만나는 지점에 행복이 있다는 것이다.** 나는 행복해지기 위한 방법이 있다면 이 3가지가 만나는 지점에 있다고 생각한다.

자율성은 '내가 얼마나 내가 원하는 방식으로 삶을 살아가고 있는가' 하는 것이다. 연결성은 '내가 다른 사람들과 얼마나 좋은 관계를 가지고 있는가'이며, 유능성은 '내가 스스로를 유능하다고 느끼는 정도'를 말한다.

회사 생활과 블로그 글쓰기를 비교해서 얼마나 행복하게 바뀔 수 있는지 예를 들어보려고 한다. 이 2가지 활동은 자기 결정성 이론에 기반할 때 정반대의 결과를 가져올 수 있다.

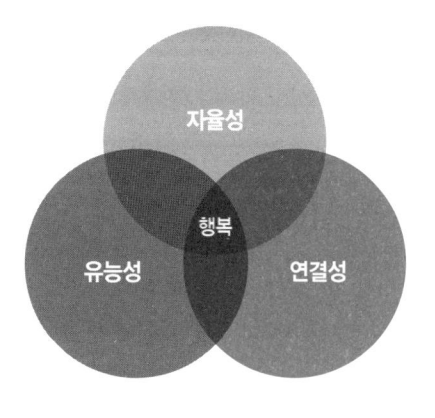

　회사 생활을 하면 자율성을 느끼기가 힘들다. 대부분의 사람은 회사에서 돈을 받고 일을 한다. 큰 기업일수록 구성원은 부속품 중 하나에 불과하기 때문에 내가 원하는 일을 하는 것이 아니라 회사에서 원하는 일을 하게 된다. 이런 하루를 반복하다 보면 스스로를 자율성이 없는, 회사에서 그저 시키는 일을 하는 사람으로 느끼게 될 것이다.

　연결성 또한 마찬가지다. 우리는 회사에서 하루 8시간 이상을 보내고, 회사 내에서 대부분 정해진 사람들과 소통한다. 회사 생활을 통해서 다양한 사람을 만날 수 있는 기회란 매우 제한적이다.

　유능성도 마찬가지다. 회사에서 내가 일을 잘한다고 느끼는 사람은 극소수다. 1년에 한 번 하는 평가에서 10~20%의 사람에게는 최고의 점수가 주어진다. 그 점수를 매년 받을 수 있는 것도 아니고, 회사에서 고평가를 받는 사람들은 항상 새로운 일과 트렌드를 쫓기 바쁘다. 매번 상사와 동료에게 칭찬을 들으며 스스로 일을 잘한다고 느끼는 사람은 거의 없을 것이다.

이제 블로그 글쓰기를 생각해 보자. **내가 지난 4년 동안 블로그 글쓰기를 하면서 느꼈던 것은 회사와는 다르게 자율성, 연결성, 유능성을 모두 가질 수 있다는 것이었다.** 블로그 글쓰기는 내가 좋아서 하는 것이다. 아무도 나에게 블로그에 글을 쓰라고 하지 않았다. 내가 좋아서, 내가 나의 영향력을 확대하기 위해서, 이런저런 이유에서 자발적으로 하게 된 것이 블로그 글쓰기다.

연결성은 어떠한가? 블로그 글쓰기는 누구나 할 수 있다. 내가 글을 쓰면 내가 전혀 알지 못하던 분야의 사람들이 댓글을 단다. 그들의 블로그를 방문해서 그들이 쓰는 글도 읽을 수 있다. 이것이 매일 반복되면 내가 자주 교류하는 사람들이 생기고 그들과 자동으로 연결된다. 이런 연결을 통해서 온라인 공간에서 많은 인맥을 쌓을 수 있다. 나도 자주 연락하는 분들이 있고, 오프라인 모임이나 정기적인 동호회 활동도 하고 있다.

유능성은 어떠한가? 매일 글을 쓰다 보면 글 쓰는 실력이 늘어날 수밖에 없다. 처음에는 부족한 글을 쓰더라도, 매일 쓰다 보면 실력이 늘어나게 된다. 누구나 그렇다. 나도 처음에 쓴 글보다 몇 년이 지난 뒤의 글이 훨씬 좋아진 것을 느낀다. 이웃들의 글도 마찬가지였다. 처음에는 많이 부족해 보였지만 매일 쓰는 사람들의 글은 어느 순간 크게 성장한다는 것을 느낀 적이 한두 번이 아니다.

나는 회사 생활을 하면서 아침과 주말을 활용해 블로그 글쓰기를 했다. 그때는 몰랐지만 지금 와서 생각해 보니 행복해지고 싶었던 몸부림이었던 것 같다. 자율성과 연결성, 유능성을 확보하기 위한 나만의 처절한 노력이었던 것 같다. 그렇게 매일 글을 썼다. 1개가 부족하면 2개를 쓰고, 2개가 부족하면 3개를 썼다. 나는 블로그에 글을 쓰는 게 행복했다. 칸트는 "행복의 원칙은 첫째 어떤 일을 할 것, 둘째 어떤 사람을 사랑할 것, 셋째 어떤 일에 희망을 가질 것"이라고 말했다. 나는 어떤 일을 하는 것을 자율성으로, 어떤 사람을 사랑하는 것을 연결성으로, 어떤 일에 희망을 가지는 것을 유능성으로 이해했다. 이렇게 생각해봐도 행복은 자기 결정성 이론에 맞닿아 있다.

온라인 글쓰기를 통해서 행복해질 수 있는 이유가 한 가지 더 있다. 직장은 평생 다닐 수 없고, 언젠가는 내가 자의나 타의에 의해서 그만두어야 하지만, 온라인 글쓰기는 평생 할 수 있다. **온라인 글쓰기 자체가 하나의 행복을 위한 습관이 되기도 하고, 미래에 영향력과 돈을 가질 수 있는 수단이 되기도 한다.** 온라인 공간에서는 은퇴란 없다.

행복해지고 싶다면 당장 온라인 글쓰기를 시작하라. 블로그에 글을 쓰고, X에 글을 쓰고, 스레드에 글을 써라. 페이스북, 인스타그램, 브런치에 글을 써도 좋다. 어떤 글이든 당신의 생각을 담고 당신의 생각으로 다른 사람과 연결되길 바란다. 계속 쓰면서 사고력과 글쓰기 능력을 높여보자. 그러면 반드시 지금보다 훨씬 행복해질 것이다.

내 삶의 주인공이
되기 위해서

회사 일에 한참 집중할 때는 하루 10시간도 넘게 일했다. 꽤 보수적인 회사여서 회식도 회사 일의 연장이었다. 많을 때는 일주일에 3~4번씩 저녁 회식을 했다. 회식에 빠지는 것은 쉬운 일이 아니었다. 인사 결정권자의 눈 밖에 날 수 있고 중요한 정보를 못 듣는 일도 생겼다.

나는 한때 임원이 되고 싶었다. 그것이 미덕이고 내가 가야 할 길이라고 믿었다. 항상 회사에서 나에게 기대하는 것의 100% 이상을 채우려고 노력했다. 일도 그렇고, 인간관계도 그렇고, 회식 자리도 마찬가지였다. 그렇게 수년을 살면서, 어느 순간 모든 것이 허무해졌다. 건강도 나빠졌지만, 그것보다 내가 왜 사는지 알 수가 없었다. 그런 생각들이 이어지면서 무기력증과 공황장애가 찾아왔다.

"내가 돈을 벌기 위해서만 이 세상을 살아간다면 나의 가치는 도대체 어디에 있을까?"

처음에는 탈출구를 찾지 못해 술을 마시기도 하고 TV를 보면서 의미 없는 시간을 보내기도 했다. 그러다가 독서를 하기 시작했고, 점점 글쓰기에 대한 욕구가 생겨났다. 온라인 글쓰기를 통해서 인플루언서가 된 사람들을 보며 나도 하고 싶다는 생각이 들었다. 무엇보다 그 과정을 통해서 '나'라는 참자아를 찾고 싶었다.

나는 회사 일을 할 때보다 블로그에 글을 쓰거나 책을 쓸 때 훨씬 나다움을 느꼈다. 회사에서는 제2의 자아가 발동되는 것 같았다. 회사에서는 내가 나에게 솔직해지는 순간 "그런 사고와 행복은 회사에 맞지 않아. 회사에 맞게 생각하고 행동해. 제발 좀 적당히 평범하고 적당히 뛰어나" 등등 수많은 비난과 압박이 들어온다. 회사 일은 남을 위해서 하는 것이다. 하지만 블로그 글쓰기나 책 쓰기는 나를 위해서 하는 것이다. 회사에서는 내가 회사를 위한 발언과 행동을 해야 하지만 온라인에서는 나의 생각을 100% 솔직하게 풀어낼 수 있다. 한마디로 온라인 글쓰기는 나에게 자유를 준다.

새로운 온라인 명함이 생기거나 나를 솔직하게 드러낸다 해서 당장 크게 내가 달라지진 않았다. 여전히 회사에 다니며 돈을 벌어야 했고, 필요한 경우 아쉬운 소리를 해야 했다. 하지만 온라인에서 글쓰기를 하는 순간 나에게는 새로운 가능성이 조금씩 생겨났다. 나는 글쓰기를 하면서 나에게 매일 질문을 던졌다.

'누군가를 위한 삶만 살아갈 것인가, 아니면 주인공의 삶을 살아갈 것인가.'

나에게 회사 생활과 사회생활은 누군가를 위한 삶이었다. 내가 돈을 벌기 위해서 어쩔 수 없이 선택해야 하는 수단이었다. 하지만 블로그 글쓰기는 내가 나를 삶의 주인공으로 만들어 줄 수 있었다. 나의 생각을 적고 나의 생각을 발행했다. 나만의 일, 나만의 공간, 나만의 자아가 주는 에너지가 있는 것 같다. 이것은 경험한 사람만이 알 수 있다. 시간이 지나 수백, 수천 명이 호응을 하고 공감을 해 줄 때의 희열은 느껴보지 않으면 잘 모른다.

나는 당신이 지금 바로 온라인 글쓰기를 시작했으면 좋겠다. 가장 쉽게 시작할 수 있는 것은 블로그에 글을 쓰는 것이다. **블로그에 당신의 생각, 당신의 스토리, 당신만의 서사를 쓰길 바란다.**

한 가지 주의해야 할 점이 있다. 지금도 너무 많은 사람이 블로그에 검색용 글을 쓴다. 검색에 걸리는 추천 단어를 활용해서 네이버 상단에 검색이 되게끔 해 사람들을 유입시킨다. 그런 활동을 통해 내 글의 광고를 보게 하고 애드포스트로 돈을 번다. 많은 사람이 유입되기 시작하면 체험단 활동 등을 할 수도 있을 것이다. 하지만 이는 내 삶의 주인공이 되는 것과 관련이 적다. 내가 원하는 글을 쓰는 것이 아니라 사람들이 원하는 정보성 글을 올리는 것은 또 다른 노동이다. 그리고 이런 글은 향후 AI에 대체될 가능성이 높다. 정보성 글을 가장 잘 쓰는 것은 결국 AI가 될 것이기 때문이다. 정보성 글에도 자신의 개인적인 경험이나 생각을 넣는 것이 훨씬 좋다고 생각한다.

　남들이 읽고 싶은 글, 그래서 남들이 다른 곳에 공유하고 싶은 글을 쓰려고 노력해야 한다. 내가 내 삶의 주인공이 되어 나의 생각을 적으면 사람들이 그 생각에 동조해 글을 공유하기도 한다. 그러면 동시에 나를 다른 사람들에게 알릴 수 있다. 좋은 생각과 글쓰기를 하는 사람으로 나를 알릴 수 있는 것이다.

　세상에 당신의 생각과 가치를 전달하라. 그러면 당신의 영향력이 점점 커질 것이다. 당신이 세상에 영향력을 전달하는 만큼 당신에게도 부가 생길 것이다. 모든 부는 내가 가치를 전달하고 얻는 것이기 때문이다. 온라인 글쓰기는 훌륭한 가치 전달의 수단이다.

2장

좋은 글은
어떻게 쓰는가

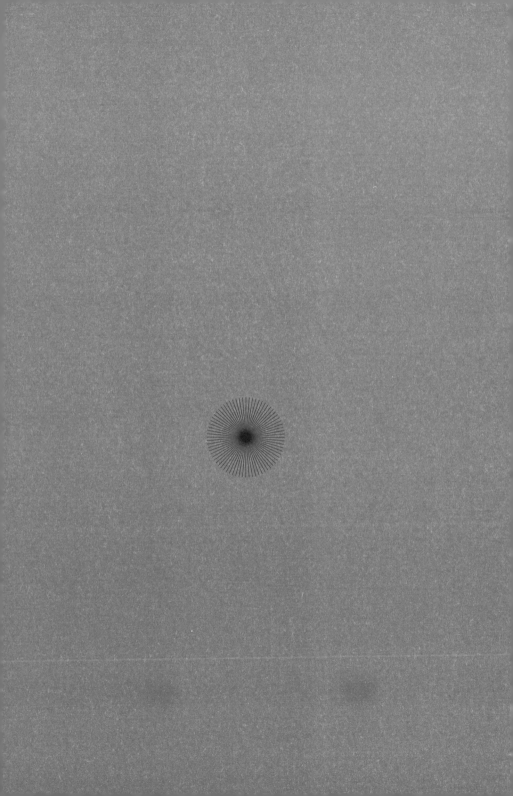

좋은 글쓰기를
하는 방법

2장에서는 글쓰기 노하우를 공유한다. 네이버 블로그, X, 스레드, 인스타그램에서 자리 잡은 나의 글쓰기 노하우를 솔직하게 공유하기에 도움이 될 것이다. 글쓰기는 모든 플랫폼에서 기본적으로 필요한 필수 기술이다.

나는 블로그에서 인플루언서가 되는 데 1년 6개월 정도의 시간이 걸렸고, X에서는 6개월이 걸렸으며, 스레드와 인스타그램에서는 한 달이 걸렸다고 생각한다(인플루언서의 기준은 주관적일 수 있다). 내가 한 세계에서 유명할수록 다른 세계로 확장하는 것은 상대적으로 쉬운 일이 된다. **그 말은 곧 한 플랫폼에서 인플루언서가 되면 다른 플랫폼으로 확장하는 것은 상대적으로 쉽다는 뜻이다.**

지금부터 설명하는 글쓰기 노하우는 블로그를 기본으로 설명한다. X나 스레드, 인스타그램은 단문을 쓰는 곳이기 때문에 비교적 긴 글을 쓰는 블로그 글쓰기를 익힌다면 이 세 가지 SNS는 쉽게 적응할 수 있다. 또한 3장에서 X나 스레드, 인스타그램에 대해 조금 더 구체적인 설명을 할 것이다.

우선, 기본적으로 어느 세계에서든 좋은 글쓰기를 할 필요가 있다. 좋은 문장, 매력이 있는 문장, 오류가 없는 문장을 구사해야 한다. 물론, 우리가 소설가나 시인은 아니기 때문에 문장 자체가 아주 중요하지는 않다. 하지만 평균 이상의 문장력을 갖추면 온라인 글쓰기를 할 때 매우 유리하게 작용한다. 글쓰기는 자신의 생각을 잘 풀어낼 정도의 수준을 갖추면 된다. 그렇다면 어떻게 글쓰기 실력을 향상시킬 수 있을까? 대표적으로 다음 3가지 방법이 있다.

첫 번째로 좋은 글을 많이 읽는 것이다. 가장 좋은 방법은 하나의 좋은 글을 여러 번 읽는 것이다. 좋은 표현과 좋은 논리로 사람의 마음을 움직일 수 있는 글을 여러 번 읽는 것이다. 문학적 글쓰기를 하고 싶으면 좋은 소설을 읽는 것이 좋지만, 우리가 목표로 하는 온라인 글쓰기를 하고 싶다면 인문, 자기계발 등의 좋은 글을 여러 번 읽는 것이 좋다.

두 번째는 글쓰기를 계속하는 것이다. 실력은 하다 보면 는다. 처음 블로그에 글을 쓰려고 하면 자신의 부족함을 많이 느끼게 된다. 나도 그랬다. 하지만 글쓰기를 반복하다 보면 어느 순간 실력이 많이 는다.

나도 경험했고 내 주변 온라인 지인들의 글을 보면서도 많이 느꼈다. 못 믿겠다면 유명한 인플루언서의 블로그에서 첫 번째 글을 찾아서 읽어보자. 누구에게나 처음은 있고 그들도 처음부터 잘 쓰지는 못했다는 사실을 알게 될 것이다. 손으로 쓰는 경험도 충분히 하면 좋다. 키보드로 글을 쓰는 것과 손으로 쓰는 것은 느낌이 사뭇 다르다. 손으로 쓰는 것은 또 다른 차원에서 나의 글쓰기 실력을 높일 수 있다. 그러기에 손으로 글을 쓰는 경험도 병행할 필요가 있다.

세 번째로 평소에 좋은 대화를 많이 하는 것이다. 글쓰기는 결국 말하기의 연장이라고 할 수 있다. 평소에 수준 높은 대화를 즐기는 사람은 글쓰기를 잘할 수밖에 없다. 때문에 내가 평소에 어떤 어휘와 표현을 자주 쓰는지 의식할 필요가 있다. 또한 내가 만나는 사람들이 어떤 어휘와 표현을 쓰는지 확인해 보는 것도 좋다. 우리가 하는 글쓰기에는 평소 우리의 언어 습관이 묻어날 수밖에 없다는 것을 명심하자.

2
글쓰기는
특별한 것이 아니다

글쓰기의 기본은 자신을 표현하는 것이다. 세상에서 나란 존재는 오직 하나다. 자신의 생각과 경험을 담은 글쓰기를 한다면 그것은 유일무이한 글이 된다. **그래서 자신을 잘 담을 수 있다면 그것만으로 좋은 글쓰기다.**

글쓰기를 하지 않는 사람들의 큰 특징 중 하나가 바로 '글쓰기를 어려워한다'는 것이다. 글쓰기는 작가만 하는 것이라고 생각하는 사람들이 많다. 심지어 국문학을 전공하거나 문예창작을 배운 사람만 하는 거라고 생각하는 사람들도 있다. 하지만 전혀 그렇지 않다. 누구나 일기는 써 보았을 것이다. 초등학교 1학년부터 우리는 대부분 일기를 써 봤다. 일기도 좋은 글쓰기다. 자신의 생각을 담은 고유한 글이 담기기 때문이다.

글쓰기에서 중요한 것이 있다면 '자신을 아는 것'이다. 우리는 생각보다 자기 자신에 대해서 잘 알지 못한다. 특히 대한민국 국민들은 더 그런 경향이 있다. 대한민국은 어떻게 살아야 한다는 기준이 명확한 나라다. 태어나면서부터 부모와 학교와 사회의 압박으로 우리가 어떻게 살아야 하는지에 대한 기준이 정해진다. 개인의 목소리와 개성은 그런 다양한 압박에 묻히게 되는 경우가 많다.

글쓰기의 마법이 여기에 있다. 글쓰기는 누가 강제하는 것이 아니다. 온라인 글쓰기는 특히나 그렇다. 누가 시킨 것도 아니고 내가 원하는 글을 쓰는 것이다. 그래서 자발적인 글을 써 내려가다 보면 결국 자신에 대해 더 잘 알게 된다. 내가 어떤 생각을 하고 내가 어떤 글을 읽고 쓰는 것을 좋아하는지 알게 되는 것이다.

평소 우리의 말과 행동은 대부분 무의식이 좌우한다. 내가 생각을 한 것도 아닌데 우리의 말과 행동은 자동적으로 튀어나온다. 그렇게 나온 우리의 말과 행동을 우리는 거의 성찰하지 않는다. 하지만 글은 다르다. 글 또한 무의식에서 나오지만 결과가 남는다. 글을 쓰고 나서 쓴 글을 다시 읽어보면 나의 무의식이 어디를 가리키는지 알 수 있다. 그리고 글쓰기는 내가 무엇을 알고 무엇을 모르는지 정확하게 인지할 수 있게 해 준다. 내가 알고 있는 지식이 어디까지인지 스스로 판단할 수 있다. 무지는 나를 앎으로 이끈다. 내가 모르는 것을 파악해야 공부를 할 수 있고 발전할 수 있는 것이다.

글쓰기는 나의 강점과 약점을 발견하게 해 준다. 또한 내가 무엇을 좋아하고 무엇을 싫어하는지 명확하게 알게 해 준다. 반복되는 글쓰기를 통해 재능과 흥미도 찾을 수 있다. 그래서 글을 오래 쓴 사람들은 자기 자신에 대해서 더 잘 알고 있는 것 같다. 가장 중요한 것은 글을 그냥 쓰는 것이다. 글쓰기란 특별한 것이 아니다. **자신의 생각을 쓰는 순간 좋은 글쓰기가 된다.** 그리고 글쓰기를 반복할수록 자신의 생각이 정리되고 스스로에 대해 잘 알게 된다. 이것이 반복되면서 결국 좋은 글쓰기가 강화되는 것이다. 글쓰기를 두려워하지 말자. 글은 쓰면서 계속 좋아지기 마련이다.

좋은 글을 쓰는
3가지 마인드

글쓰기를 통해 영향력을 만들기 위해서는 좋은 마인드를 가질 필요가 있다. 온라인 글쓰기는 장기전이다. 영향력을 가지기 위해서는 장기간 동안 꾸준히 좋은 글을 쓰며 나를 알려야 한다. 그래서 나는 다음 3가지 마인드를 필수로 가져야 한다고 생각한다.

1) 이타성

인플루언서라고 하면 수많은 사람에게 영향을 미치는 사람이다. 그 영향력을 무시하면 안 된다. 내가 쓴 한 문장이 많은 사람에게 긍정적,

부정적 영향을 미칠 수 있다. 이는 인플루언서가 되기 전에도 마찬가지다. 영향력을 키워가는 과정에서 항상 이타성을 고려해 글을 써야 한다.

나는 특히 타인에게 상처 주는 글을 쓰지 않으려고 노력한다. 세상에는 다양한 사람들이 있고, 다양한 환경에서 생활하고 있다. 아무에게도 상처를 주지 않는 글을 과연 쓸 수 있을까? 그것은 불가능할지도 모른다. 하지만 나는 이를 항상 염두에 두고 글을 쓰고 있다. 예를 들어, 나는 찬반이 엇갈리는 민감한 주제에 대해서는 이야기하지 않는다. 대표적인 것이 정치나 젠더 이슈 같은 것들이다. 누군가는 그런 주제에 대해서 이야기해야 할지도 모른다. 하지만 나까지 그런 주제에 대해서 이야기할 필요는 없다고 생각한다. 당신이 만약 그러한 주제를 다루고 싶다면 그것은 내가 관여할 수 있는 부분이 아니다. 하지만 중요한 것은 그런 주제를 다룰수록 적도 많이 생긴다는 것을 감안해야 한다는 점이다.

다른 사람을 깎아내리는 글도 마찬가지다. 블로그 세상에서는 남을 깎아내리면서 자신을 높이려고 하는 사람들이 많이 있다. 그렇게 이슈를 만들면서 자신의 인지도를 높일 수 있기 때문이다. 하지만 그것은 편협한 방법이라고 생각한다. 일시적으로 팬을 만들 수 있겠지만 그 팬들도 남을 깎아내리는 걸 좋아하는 사람들이다. 내가 그런 글을 쓴다는 것은 비슷한 결을 가진 사람을 끌어당기는 것과 같다.

진정한 이타성은 다수를 공감시키고, 감화시키고, 그들의 삶에 도움이 되는 글을 쓰는 것이다. 가급적 독자들에게 상처를 주지 않고, 그들의 삶이 더 나아지게 하는 글을 쓰는 것이 좋다. 이런 이타성을 가지고 글을 쓴다면 이타성이라는 비슷한 결을 가진 사람들이 당신과 함께할 것이다. 비슷한 성향을 가진 팬들의 힘이 모이면 당신은 더 강력한 브랜드를 만들 수 있을 것이다.

내가 하고 싶은 이야기만 쓰면 그것은 그저 일기에 불과하다. 하지만 남이 읽고 싶은 이야기를 쓰면 공감이 생긴다. 세상에 필요한 이야기를 쓰면 그 글은 세상에 공유된다. 글에 남을 위하는 마음을 담으면 오랜 기간 사람들의 기억에 남는다. 글에 다른 사람을 돕고 싶다는 마음을 담아야 한다.

2) 일관성

인플루언서는 일관적이어야 한다. 인플루언서가 가지고 있는 글, 인사이트, 구성은 시간이 지나도 크게 달라지지 않아야 한다. 모든 브랜드가 그렇다. **일관되게 고객에게 전달되는 것만이 브랜드를 만든다.** 일시적인 메시지는 마케팅이지만, 그 메시지가 계속 반복되어 전달된다면 브랜드를 만든다. 우리가 아는 대부분의 브랜드는 수년에서 수십 년 동안 같은 메시지를 세상에 알리며 브랜드가 된 것이다.

무엇이 일관적이어야 할까? 우선 주제가 일관적이어야 한다. 만약 당신이 주식 이야기를 하고 있다면 꾸준하게 주식 이야기를 올려야 한다. 중간에 음식 이야기를 올린다면, 당신의 일상이나 음식 이야기에 관심이 없는 이웃들은 이웃 삭제를 하거나 글을 뮤트하게 될 수도 있다. 독자가 당신에게 기대하는 글은 당신이 그동안 올렸던 주제의 글이다. **온라인 글쓰기를 지속하려면 독자의 기대에 부응해야 한다.**

어떤 이웃이 우연히 당신의 블로그를 방문한 경우에도 마찬가지다. 당신의 자기계발 관련 글에 감명을 받은 이웃이 처음으로 당신의 블로그를 방문했다고 하자. 만약, 자기계발 글이 연달아 쓰여 있으면 이웃 추가를 할 가능성이 높다. 하지만 우연히 본 그 글만 좋고, 나머지 블로그 글이 광고성 글이라면 당신을 이웃 추가하지 않을 가능성이 높다.

당신의 어조도 마찬가지다. 만약 당신이 따뜻한 글을 올렸다고 하자. 당신의 따뜻함에 이끌린 이웃이 당신의 블로그에 방문했다. 그런데 다른 글이 너무 차갑거나 뼈를 때리는 글이라면 다시 방문하지 않을 가능성이 높다. 애초에 그 이웃은 당신의 따뜻함에 이끌려 온 것이기 때문이다.

나는 글을 올리는 시간도 일관적으로 유지하려고 노력한다. 나는 매일 아침 7시 30분에 글을 올린다. 7시 30분에 글을 올리는 순간 10분 안에 공감은 100~200개를 넘고 댓글도 50개가 넘게 달린다. 이웃들이 나의 글을 기다리고 있는 것이다. 누군가의 시간을 점유하는 것은 굉장히 큰 효과가 있다. 글을 읽는 데는 4분 정도의 짧은 시간이 걸리지만 실제로 이웃들은 나의 글을 읽기 위해 올리기 전부터 기다리고 있는 것이다. 그렇다면 나는 이웃의 시간을 5분 이상 혹은 10분 정도를 점유하는 것이다. 같은 시간에 매일 글을 올리면 얻는 또 다른 효과가 있다. 이웃들이 나를 믿을 수 있는 사람으로 여기며 신뢰한다는 것이다. 그러다 보면 내가 던지는 메시지에도 힘이 실리게 된다.

이런 다양한 방식으로 일관성을 유지해야 한다. 일관성은 이웃이 나에게 호감을 느끼게 하고, 신뢰하게 하는 가장 좋은 방법이다. 반대로 인플루언서가 일관적이지 않다면 그동안 쌓여 있던 팬층이 등을 돌리는 일이 생길 수도 있다. 일관성을 유지하면서 나의 생각을 발전시키며 메시지를 전달할 필요가 있다.

3) 꾸준함

꾸준함이 없으면 브랜드가 만들어질 수 없다. 기본적으로 매일 꾸준히 글을 써야 하고, 1일 1포스팅 1년 이상이 기본이다. 즉, 111 전략이다. 매일 하루에 1개씩 1년 이상을 쓰는 것이다. 이것조차 할 수 없는 사람은 블로그 인플루언서가 되기를 포기해야 한다. 1일 1포스팅에 대해서는 많은 의견이 있다. 꼭 1일 1포스팅을 해야 하는가? 물론, 그럴 필요는 없다. 그렇게 한다고 네이버가 특별히 좋아하는 것도 아니다. 온라인 글쓰기는 강제성이 전혀 없다. 내가 안 써도 아무도 강제를 하지 않는다는 말이다. 그렇다면 최소한의 강제성을 스스로 부여할 필요가 있다. 가장 좋은 것이 바로 111 전략이다.

물론, 122(1일 2포스팅 2년), 133(1일 3포스팅 3년)을 해도 좋다. 핵심은 최소한 111 정도는 해야지 인플루언서 블로그가 될 수 있는 최소 조건을 충족할 수 있다는 것이다. 생각해 보면 나는 최소한 123 정도는 한 것 같다. 어떤 날은 133을 하고, 어떤 날은 143이나 153을 했다. 중요한 것은 단 하루도 빠짐없이 블로그에 글을 썼다는 것이다.

2020년 초 나와 함께 시작한 100명 중에서 1년 뒤에도 매일 글을 쓰는 사람은 10명도 되지 않는다. 나와 함께 블로그를 시작한 사람들 중에 단 10명 정도만 1년이 지나도 꾸준히 글을 쓰고 있었다. 1년이 더 지난 다음에는 어떨까? 3년이 된 시점에는 어떨까? 5명이 안 되는 사람만이 꾸준히 글을 쓰고 있었다. 꾸준함이 가장 기본이다. 꾸준히 쓰기 위한 목표 설정이나 동기 부여는 스스로 해야 한다. 예를 들어, 나는 내가 111조차 못 하면 쓸모없는 사람이라는 생각을 했다. 나의 의지를 굳히기 위해서, 내가 쓸모없는 사람이 되는 게 싫어서 노력했다. 이것조차 못하면 아무것도 할 수 없을 거라고 생각하면서 말이다.

매일 글을 쓰는 것만으로 1년 뒤에 상위 10%가 된다. 제대로 된 방법으로 블로그 글을 쓰는 사람은 상위 1% 아니, 상위 0.1%가 될 수 있다. **매일 글을 쓰는 것, 올바른 방법으로 쓰는 것, 그렇게 오랜 기간 쓰는 것이 인플루언서 블로그를 만든다.** 누구나 최고의 자리로 갈 수 있는 방법이 있다. 바로 꾸준함에서 최고가 되는 것이다. 그것은 인간이라면 누구나 할 수 있다.

온라인 글쓰기의 10가지 기본

온라인에 쓰는 글도 엄연한 글쓰기다. 기본적으로 좋은 온라인 글쓰기를 할 수 있는 몇 가지 조언을 담아본다. 우선은 기본을 닦는 연습을 해 보자. 눈으로 한두 번 읽어본다고 되는 것이 아니다. 다음의 10가지 조언에 따라 글을 한번 써 보길 바란다. 기본을 충분히 마스터한 후에 다음 심화 편으로 넘어가면 된다.

1) 말하듯이 쓰는 것이 좋다

작가가 독자에게 직접 말하는 것처럼 느껴지게 하는 글이 좋은 글이다. 내가 말을 하듯이 쓰는 글에 독자가 가장 잘 공감한다. 일부러 어렵게 쓰려고 하지도 말고, 일부러 격식을 차리려고 노력하지 않아도 된다. **평소에 내가 말하는 것처럼 힘을 빼고 쓰는 글이 가장 좋은 글이다.**

가끔 온라인 글쓰기를 신성시하는 사람들이 있다. 잘 써야 한다는 강박관념에 어렵고 딱딱하게 글을 쓰는 것이다. 평소에 말을 하면서 절대 쓰지 않을 단어나 표현을 쓰기도 한다. 절대 그럴 필요가 없다. 글을 말의 연장이라고 생각하자. 사실 글은 말을 적어서 전달하는 방식이기 때문에 말과 그리 다르지 않다.

2) 간결하게 쓰는 것이 좋다

온라인 글쓰기를 하면서 꼭 기억해야 할 것이 있다. 내 글을 읽는 독자는 모두 바쁘다는 것이다. 여유를 가지고 내 글을 읽어줄 사람은 거의 없다는 것을 명심해야 한다. 그렇기 때문에 우리는 독자의 시간을 아껴줄 수 있어야 한다. 이를 위해 문장을 자주 끊는 것이 도움이 된다. 기억하자. 우리는 소설을 쓰는 것이 아니다. 소설은 소설을 읽기 위해 몇 시간 정도는 비워 둔 사람들을 위한 글이다. 온라인 글쓰기는 몇 분, 몇 초가 아까운 사람들을 위한 글이다. **이들에게 읽히는 글을 쓰기 위해서는 글을 짧게 끊어서 쓰는 것이 효과적이다.**

3) 제일 좋은 글은 더 이상 뺄 것이 없는 글이다

"블로그에 몇 자를 써야 할까요?"

온라인 글쓰기를 하는 사람들이 보통 이런 질문을 많이 한다. 몇 자를 써야 한다는 법은 없다. 하지만 사람들은 무의식적으로 양이 충분해야 좋은 글이라는 생각을 하고 있다. 나도 마찬가지다. **하지만 정말 좋은 글은 짧아도 나의 생각과 의견을 충분히 전달하는 글이다.** 짧게 쓸 수 있는데 길게 쓸 이유는 전혀 없다.

특히, 체류 시간을 늘리기 위해서 등의 이유로 쓸데없이 길이를 늘이는 것은 매우 좋지 않은 일이다. 의미 없고 산만한 긴 글은 독자를 떠나게 할 가능성이 높다. 독자를 잡기 위한 긴 글이 오히려 독자가 떠날 시간을 만들어 주는 꼴이다. 이를 해결하기 위한 좋은 습관은 내 글을 다 써 두고 퇴고를 하는 것이다. 접속사, 조사 등을 중심으로 글자를 빼도 의미가 전달이 된다면 빼는 것이 좋다. 짧게 할수록 글은 더 명확하게 정리된다. 제일 좋은 글은 더 이상 뺄 것이 없는 글이다.

4) 결론부터 쓴다

결론부터 쓰는 것이 좋다. 글쓰기의 전개 방식은 대표적으로 두괄식과 미괄식이 있다. **독자는 바쁘기 때문에 내 글을 읽는 순간 이 글이 무엇을 말하고자 하는지 인식시키는 것이 좋다.** 결론을 이미 예상하게 하고 그 결론에 대한 근거와 생각을 확인하는 과정으로 글을 읽게 하는 것이 좋다.

미괄식은 온라인 글쓰기에는 그리 적합하지 않다. 1,000자 정도 읽어야 하는 온라인 글쓰기를 미괄식으로 쓴다면 독자는 초반에 글에서 벗어날 것이다. 군이 미괄식으로 한다면 제목에 결론을 담는다. 제목에서 결론을 이야기하면 독자가 결론을 예상할 수 있고, 당신의 스토리를 읽으면서 글의 끝으로 다가갈 수 있을 것이다.

5) 단락을 나누어서 접근한다

우리는 최대한 친절해야 한다. 내 글을 구조화해서 독자가 이해하기 쉽게 도와주어야 한다. 이런 친절을 글에 담아야 한다. 그럼 어떻게 구조화해야 할까? **제일 좋은 방식은 서론, 본론, 결론으로 접근하는 것이다.** 1,000자 정도의 블로그 글쓰기에도 그런 구조화가 필요하다. 나는 과거에 1, 2, 3… 숫자를 붙여서 일부러 글쓰기를 구조화했다. 1에

나는 글쓰기를 하면서 나 자신에 대해 더 잘 알 수 있었다.
나는 회사 생활을 싫어하는 사람이었다.
하지만 나는 그 사실을 잘 몰랐다.
항상 내가 나에게 '괜찮아, 할 만해'라고 거짓말을 했으니까.
하지만 글을 쓰면서 나의 진심을 알게 되었다.
이렇게 살다가 인생을 끝내고 싶지는 않다고.
글쓰기는 나에게 하나의 탈출구가 되어 주었다.

는 나의 스토리를 주로 썼고, 2에는 다른 책의 인용이나 누군가의 명언을 주로 썼고, 3에는 나의 생각으로 결론을 냈다. 이런 구조화를 통해 내 글을 읽어주는 사람들이 편안하게 나의 구조를 이해하고 따라갈 수 있도록 도와주었다.

지금은 숫자를 붙이지 않는다. 굳이 숫자를 붙이지 않더라도 글의 구조화가 가능하기 때문이다. 하지만 여전히 나의 스토리로 이야기를 시작하고, 좋은 글을 가져오고, 나의 생각으로 마무리하는 구조화는 습관적으로 하고 있다.

6) 인물들의 대화를 활용한다

가끔 글쓰기가 어렵게 느껴질 때가 있다. 편안하고 쉽게 풀어내고 싶은데 생각처럼 잘 안 되어서 힘들 때가 있다. **글쓰기가 어렵게 느껴진다면 대화로 풀어보는 것도 좋다.** 중간중간 대화를 넣는다면 비교적 쉽게 글을 이어갈 수 있다. 문장력이 부족해도 대화를 넣으면 독자가 더 쉽게 이해할 수 있다. 앞서 말했듯이, 글은 말하듯이 쓰는 것이 좋다. 독자에게 친근감과 현장감을 주고 싶다면 인물들의 대화를 활용하자.

7) 짧은 글을 쓰는 것이 도움이 된다

"저는 블로그에 무엇을 써야 할지 모르겠어요. 도저히 쓸 내용이 없어요."

처음 블로그를 시작하는 많은 사람이 공통적으로 하는 이야기다. 온라인 글쓰기에 익숙하지 않은 사람들이 처음부터 1,000자 정도를 쓰는 것은 보통 일이 아니다. 매일 글을 몇 편씩 쓰는 나도 가끔은 막막하다. 이럴 때는 어떻게 해야 할까?

나는 이 책에서 글을 쓰는 온라인 공간을 4가지 추천한다. 네이버 블로그, X, 스레드, 인스타그램이다. 블로그는 1,000자 정도의 중문을 써야 하는 공간이다. 처음부터 1,000자를 쓰는 것은 어려울 수 있으니 몇 문장만 써도 되는 X나 스레드를 활용하는 것도 추천한다. 나는 실제로 X에 한두 문장을 남길 때도 많다. 짧은 글을 쓰면 긴 글을 쓰기 위한 연습이 되기도 한다.

천 리 길도 한 걸음부터라고 했다. 처음부터 블로그를 하기 힘들다면 X와 스레드를 통해 글을 쓰고, 다른 사람과 소통하는 연습을 해 보자. 그리고 블로그라고 해서 굳이 글을 길게 쓸 필요는 없다. 아무도 뭐라고 하지 않는다. **블로그를 300자, 500자씩 짧게 짧게 쓰고 발행하면서 조금씩 양을 늘려가는 것도 매우 좋은 방법이다.**

8) 매력적인 제목을 정한다

블로그는 이웃들의 피드에 글의 제목과 사진, 앞부분이 미리보기 된다. 보통 한 명의 이웃은 수많은 이웃을 가지고 있는데, 그 많은 피드 중에서 선택을 받아야 한다. 그러려면 제목이 매력적일 필요가 있다. 평범한 제목을 만들면 그만큼 독자에게 선택을 받을 확률이 떨어진다.

평범한 제목이 아닌 조금은 매력적인 제목을 정해 보자. 여러 가지 방법이 있을 것이다. **우리의 인식에 반하거나, 질문을 던지거나, 단정하는 제목에 사람들은 흥미를 느낀다.** 혹은 숫자로 나열을 하거나, OO 등을 사용해서 궁금증을 불러일으킬 수도 있다. 대체적으로 이런 호기심을 자극하는 것은 클릭을 부른다.

> 예시) 열심히 살면 안 된다.
>
> 사람이 하루에 6시간만 자면서 살 수 있을까?
>
> 일만 하는 사람은 절대로 행복할 수 없다.
>
> 당신을 행복하게 해 주는 5가지 방법.
>
> 나는 OO을 하고 인생이 바뀌었다.

다만, 과도한 궁금증을 자아내는 제목에 이어지는 퀄리티가 떨어지는 글은 독자에게 배신감을 줄 수 있으니 조심해야 한다. 특히 OO 등으로 호기심을 자극하는 방법을 자주 쓰면 독자에게 비호감을 살 수 있으니 유의하자.

9) 마지막에 글을 다시 정리한다

여러 번 반복해서 이야기하지만, 우리의 독자는 바쁘다. 당신의 글을 몇 번씩 읽거나 충분히 이해할 시간이 없다. 당신이 쓰는 1,000자 정도의 블로그 글이 읽는 사람에 따라 어렵게 느껴질 수도 있다. 따라서 글의 마지막에 다시 내용을 정리해주는 것이 좋다. **한 번 읽은 글을 정리하면 독자가 내 글을 더 잘 이해하고, 더 잘 공감할 수 있다.** 또한, 배려 있는 사람으로 느껴지게 할 수도 있으니 장점이 많다. 이런 방식으로 내 글을 요약하는 습관을 가지자.

10) 사진이나 짤을 활용한다

블로그를 쓰면서 사진을 사용하지 않는 경우는 없을 것이다. 기본적으로 블로그 피드에는 사진이 가장 크게 나오고 글의 제목과 글의 상단 일부가 나온다. X나 스레드 등의 플랫폼도 글뿐만 아니라 사진을 쓰면 더 효과적이다. 사진을 쓰는 것은 선택이 아니라 필수다. 사진이나 짤을 활용해야 하는 이유는 2가지다.

첫 번째로 포스팅의 질을 높인다. 글만 있는 것보다 사진이나 영상까지 함께 있으면 포스팅의 질을 높여준다. 상위 노출이 되고, 블로그 지수에도 도움이 되며 애드포스트와도 연결된다. 블로그 중간에 뜨는 광고는 어느 정도의 포스팅 길이를 요구하는데, 그 길이에는 글뿐만 아니라 사진이나 공간까지 포함한다.

두 번째로 구독자들이 글을 읽기 편하게 만들어 준다. 적절한 사진이나 짤이 들어가면 글만 빽빽하게 있는 것보다 가독성이 좋아진다. 글만 있으면 독자가 부담감을 느끼기 때문이다. 나는 개인적으로 최소한 사진 1개는 넣는다. 글의 내용이 조금 짧은 날에는 2개 이상의 사진을 넣으려고 노력한다. 이때 주의해야 할 것은 사진이 글과 충분히 연관되어야 한다는 것이다. 글과 관련 없는 사진을 쓴다면 독자들은 사진이 그저 공간을 메꾸기 위한 수단이라고 생각하게 될 것이다.

끝으로, 사진을 쓸 때 저작권을 신경 써야 한다. 저작권이 없는 사진을 쓰는 것이 제일 좋다. 예를 들어, 내가 직접 사진을 찍어서 사용하거나 저작권 없이 사용이 허락된 사진을 구하는 것이다. 만약 저작권 문제가 있을 수 있는 타인의 사진을 사용한다면, 최대한 출처를 남기자. 물론, 출처를 남긴다고 사진을 함부로 써도 되는 것은 절대 아니다. 하지만 경험상 출처를 남긴다면 원저작자가 크게 문제를 삼지 않는 경우가 많았다. 그 어떤 경우라도 타인의 저작물을 쓸 때는 법적인 책임을 지는 상황이 올 수 있음을 명심해야 한다.

온라인 글쓰기의
10가지 심화

온라인 글쓰기의 기본을 넘어서 인플루언서가 되기 위한 고급 스킬들을 공유한다. 다음의 10가지를 유념하면서 글을 작성하면 훌륭한 블로그를 만들 수 있을 것이다. 앞서 설명한 기본 조언을 숙달한 후에 이를 적용해야 함을 명심하자. 참고로 말하지만, 어디까지나 이 10가지는 내가 생각하는 방법이다. 이를 토대로 자신의 상황에 맞게 변형하면 된다.

사실 각자가 자신만의 10계명을 만들어 보았으면 좋겠다. 그리고 나서 자신만의 기준이나 방법을 종이에 적어서 글 쓰는 공간 어딘가에 붙여 두는 것이다. 그 기준과 방법을 실제로 내가 쓴 글과 비교해서 수정하면 글이 훨씬 좋아진다. 나는 3천 개가 넘는 글을 썼지만 아직도 내가 설정해 둔 기준을 매번 확인하면서 글을 작성하고 있다. 그만큼 원칙을 잊어버리기가 쉽다는 것을 참고하자.

1) 독창성

독자가 당신의 블로그에 방문해 당신의 글을 읽은 다음, 당신을 기억해야 한다. 많은 분이 나에게 자신의 블로그에 방문해서 조언해 주기를 바란다. 그러면 나는 그들의 블로그에 방문해서 전체적인 분위기와 몇 개의 글을 읽고, 독자들의 반응을 살핀다. 가장 흔하게 발생하는 문제는 전체적으로 무난하지만, 뭔가 특별한 것이 없다는 것이다.

누구나 자신의 기준에는 특별함을 이야기하고자 하지만 독자들의 기억 속에 남지 않는다면 그 블로그는 특별한 블로그가 아니다. 수천만 개의 블로그와 당신은 달라야 한다. 그러기 위해서는 당신의 블로그가 특별해야 한다. 즉 'Originality'가 있어야 한다. 그렇지 않은 블로그는 생존하기 힘들다.

그렇다면 독창성은 어디에서 오는가? 누구도 모르는 비밀에서 올까? 그럴 수도 있다. 세상에 존재하지 않거나 잘 알려지지 않은 사실을 나만 알고 있을 수도 있기 때문이다. 하지만 그런 비밀들을 매일 포스팅하면서 블로그를 운영하는 것은 불가능하다. 그렇다면 어떻게 해야 할까? 사실 정답은 당신이 이미 가지고 있다. 원래부터 거기에 존재했다. **바로 당신의 이야기이다. 당신의 이야기를 쓰면 된다.** 당신의 이야기야말로 세상에 유일한 것이기 때문이다.

당신이 결혼하고 남자아이를 하나 키우며 서울에 사는 30대 가장이라고 해 보자. 물론, 그런 사람은 많다. 그런데 당신이 은행에 다니고 있고, 직장은 여의도에 있고, 운동을 좋아한다고 해 보자. 그런 사람도 있을 것이다. 당신의 고향이 부산이고, 해군을 나왔고, 미래의 꿈은 작가라고 해 보자. 당신과 똑같은 조건을 가진 사람은 훨씬 줄어들 것이다. 이런 식으로 당신의 이야기를 계속하다 보면 당신은 이 세상에 하나밖에 없는 유일한 사람이 된다.

당신의 이야기가 곧 독창성이다. 나는 대부분 포스팅에 내 이야기를 담는다. 늘 포스팅의 시작은 내 스토리다. 내 스토리를 쓰기 힘들다면, 내가 읽은 글을 옮기고 나의 생각을 충분히 적는다. 어떤 경우든 독자가 나라는 사람을 충분히 이해할 수 있도록 해야 한다. 나는 이런 방식이 팬을 만드는 가장 좋은 방법이라고 생각한다.

재미있는 것은 이런 생각을 하고 블로깅을 하면 나의 삶도 더 흥미진진해진다는 것이다. 내가 더 나은 삶, 다양한 삶을 살아야 블로그에 올릴 글도 생기지 않겠는가? 블로그에 올릴 만한 글을 위해서 내가 더 좋은 삶을 살아야 하고, 삶 속에서 블로그에 올릴 만한 의미를 찾아내기도 하는 것이다. 그렇기에 나의 스토리를 블로그에 담는 것은 실제 나의 삶을 더 풍성하게 만드는 효과도 있다.

반면에, 당신이 하지 말아야 할 것이 하나 있다. 바로 남의 글을 공유하는 것이다. 물론, 남의 글을 공유하는 것이 무조건 나쁜 것은 아니다. 인사이트가 있는 좋은 글을 공유하는 것은 이웃에게도 도움이 된다. 하지만, 남의 글을 공유하는 것을 너무 일상화하면 내 스토리가 죽는다. 특히 다음과 같은 3가지 경우는 블로그의 독창성을 해칠 수 있으니 조심해야 한다.

첫 번째, 무분별한 공유를 너무 자주 하는 것이다. 실제로 내가 쓴 글의 양이 압도적으로 많아야 한다. 참고로 나는 공유 글이 거의 없는 편이다. 지금까지 수천 편을 썼지만 공유 글은 10개도 되지 않는다.

두 번째, 아무 코멘트가 없는 공유를 하는 것이다. 글을 공유하면서도 나의 의견을 넣을 수 있다. 꼭 공유를 하고 싶다면, 내가 왜 이 글을 공유하는지, 이 글에 대한 나의 생각은 무엇인지도 함께 넣어야 한다. 내 생각을 충분히 넣어서 이 글을 공유하는 이유를 독자들이 충분히 이해할 수 있도록 해야 한다.

세 번째, 블로그 수익화를 위한 상업성 포스팅을 하는 것이다. 이 경우가 가장 문제다. 보통 이런 포스팅은 이웃이 관심 없는 보험이나 투자 등의 내용이다. 고작 몇만 원 벌겠다고 업체에서 전달하는 포스트를 올리면 수많은 이웃을 잃거나 수많은 이웃의 신뢰를 잃을 수 있다. 독자들이 당신의 블로그에 찾아오는 것은 당신의 글을 읽기 위해서지, 광고를 보기 위해서가 아니라는 것을 명심해야 한다.

나는 한 번도 이런 포스팅을 해 본 적이 없다. 누군가 수십만 원을 준다고 해도 하지 않았다. 나의 이웃들이 내가 얻는 수익보다 더 소중

했다. 나는 광고를 많이 올리는 블로그에는 더 이상 가지 않는다. 아마 당신도 마찬가지일 것이다.

추가로 독창성을 갖기 위해서는 자신만의 콘셉트를 만들 필요가 있다. 그 콘셉트는 자신이 가장 편한 것으로 선택한다. 혹은 자신이 되고 싶은 방향으로 선택하는 것도 괜찮다. 나는 '따뜻함'으로 선택했다. 처음부터 그런 것은 아니었다. 하지만 글을 쓰다 보니 내가 생각보다 따뜻한 사람이라는 것을 알게 되었다. 나는 독자들이 부아c를 생각할 때, 따뜻한 글을 쓰는 따뜻한 사람으로 기억되기를 바랐다. 그래서 따뜻한 주제, 따뜻한 문체로 글을 쓰기 시작했는데, 그것 자체가 독창성이 되었다. 세상에 생각보다 따뜻한 글을 쓰는 사람이 별로 없기 때문이다. 그리고 사실, 그게 나에게 편한 방식이기도 했다. 이런 식으로 당신만의 독창성을 만들길 바란다. 그것은 따뜻함일 수도 있고, 차가움일 수도 있고, 엉뚱함일 수도 있다. 무엇을 선택하든 독자들의 기억에 남는 독창성을 갖추기 바란다.

2) 진정성

작가는 솔직해야 한다. 물론 자신의 모든 것을 다 드러낼 필요는 없다. 하지만 온라인상에 드러내는 것에 대해서는 일관성이 있어야 한다. 그것이 바로 진정성을 만든다. 아무리 온라인 공간에서 만났어도 진정성이 필요하다. 아니, 오히려 온라인 공간이라서 진정성이 있어야한다고 생각하자. 진정성이 있는 블로그는 그렇지 않은 블로그와 큰차이를 만든다.

4년 동안 블로그를 하면서 노력했던 것은 최대한 나를 숨기거나 거짓말을 하지 않았다는 것이다. 스스로를 조작해서 드러낼 수도 있겠지만, 글을 쓰다 보면 어느 순간 독자에게 들키게 된다. 자신이 한 거짓말을 모두 기억하는 사람은 없다. 글을 계속 쓰다 보면 내가 한 거짓말이 드러나게 된다. 그렇기에 처음부터 거짓은 쓰지 않는 것이 좋다.

진정성을 더하는 팁이 하나 있다. 바로 자신의 아픔을 공유하는 것이다. 온라인 공간에서 공감을 느끼는 것은 매우 귀한 일이다. 당신의아픔을 공유한다면 비슷한 아픔을 가진 사람들은 당신에게 깊이 공감할 것이다. 그리고 공감은 신뢰로도 이어진다. 누구나 자신의 아픔을쉽게 드러낼 수 있는 것이 아니다. 당신이 아픔을 드러내면 독자는 당신을 신뢰하게 될 것이다. 나는 나의 아픔을 드러내는 글을 자주 썼다.내가 느끼는 감정을 고스란히 드러내려고 노력했다.

블로그 초기에는 직장 생활의 애환을 자주 적었다. 직장 생활에서겪었던 고통에 대해서 솔직하게 적었다. 투자를 하면서 방황했던 일도고스란히 이야기했다. 그 외에도 나의 고민에 대해서 한 번씩 언급했었다. 나의 슬픔과 고민을 적을 때, 더 많은 사람이 내 글에 공감과 댓글을 주었다. 어떻게 보면 블로그는 감정을 교류하는 곳이기도 하다.다시 한번 명심하자. 아픔을 공유하면 친구가 된다.

3) 인사이트

아무리 독창성이 있고, 진정성이 있어도 글에서 배울 점이 없다면 독자가 모여들지 않는다. 모든 글은 크고 작은 교훈을 담고 있어야 한다. **좋은 글은 독자에게 교훈을 주고 그들의 삶을 조금씩 나아지게 만들어 준다. 이를 위해서는 인사이트가 있어야 한다.** 자신이 가진 인사이트가 없다면 인사이트가 있는 글을 평소에 많이 읽고 정리해 두어야 한다. 다른 방법은 없다. 처음에는 모방으로 시작하는 것도 괜찮다. 누군가의 좋은 이미지와 구절들을 적절히 가져와서 사용하는 것이다. 물론, 출처를 남기는 것도 소홀히 하지 말아야 한다. 나는 좋은 구절과 이미지를 발견하면 따로 엑셀과 폴더에 정리해 두기도 했다.

이 부분에서는 '연결'이 중요하다. 여러 지혜와 정보를 연결하고 조합하는 것이다. 사실 '연결'은 특별한 것이 아니다. 예를 들어, 일상생활에서 어떤 아이디어가 떠오르면 그것을 블로그 글감으로 생각하고, 그 주제에 맞는 격언이나 사진들을 찾아서 가져올 수 있는 능력이다. 블로그에 쓴 글에서 핵심을 끄집어내어 X에 올리거나, 누군가의 스레드 글을 보며 자신의 생각을 넣어서 조금은 다른 글을 쓸 수 있는 능력이다.

사실 '인사이트'가 좋은 블로그와 좋지 않은 블로그의 차이를 만드는 핵심이라고 봐도 무방하다. 많이 읽고 생각하고 쓰다 보면 점점 잘하게 될 테니 걱정하지 않아도 된다. 다만, 이런 '연결'을 하기 위해서는 직접 많이 해 보아야 한다. 이것을 잘하는 블로그는 상위 5% 이내다. 이 능력을 가질 수 있다면 인플루언서가 될 가능성이 매우 높아진다.

4) 가독성

"중학교 2학년도 이해할 수 있도록 쉽게 써야 합니다."

『부의 통찰』을 쓸 때, 선배 작가가 이런 조언을 해 준 적이 있다. 그때는 그 말이 무슨 뜻인지 몰랐다. 그런데 어느 순간, 내가 책을 있어 보이게 하기 위해서 일부러 어렵게 쓰고 있다는 것을 발견했다. 사실 그럴 이유가 전혀 없었는데 말이다. **나는 지금 이 책을 쓰면서도 최대한 중학생도 쉽게 이해할 수 있도록 하기 위해 노력하고 있다.** 아무리 좋은 글도 어렵게 쓰면 극히 일부의 사람만 읽을 것이다. 책의 앞부분만 읽다가 던져 버릴지도 모른다. 사람들의 독해력은 매일 하락하고 있다. 특히, 대한민국 사람들은 책을 잘 읽지 않는다. 쉽게 쓰지 않으면 블로그도 읽힐 수 없고, 롱런할 수 없다. 읽히지 않는 글은 존재 가치가 없다.

생각보다 글을 쓰라고 하면 일부러 어렵게 쓰는 사람들이 많다. 나도 무의식중에 그런 습관이 있었던 것 같다. 사람들은 마치 자신의 지식을 뽐내기라도 하듯 어렵게 쓰려 한다. 10명의 글을 보면 7~8명은 그렇게 쓴다. 하지만 절대 그렇게 하면 안 된다.

앞서 설명한 것처럼 짧은 문장으로 쓰는 것이 좋다. 3~5개의 문장으로 하나의 문단을 구성하는 것이다. 블로그는 3~5개보다 더 짧은 문장을 구사하는 것도 괜찮다. 사람들은 짧은 글을 선호한다.

블로그 글쓰기를 하면서 스스로 많이 연구해야 한다. '어떻게 하면 내 글이 더 쉽게 읽히고 이해될까?' 하면서 말이다. 그런 노력이 인플루언서 블로그를 만드는 길이다.

5) '할 수 있다'라는 희망

모든 글은 독자에게 '할 수 있다'라는 희망을 부여해야 한다. 앞의 요소들을 모두 충족하는 아무리 좋은 글이라도 독자가 할 수 없는 이야기만 한다면 이는 공감으로 이어지지 않는다. '그래, 너 잘났다' 정도의 이야기로 받아들이게 될지도 모른다. **가장 좋은 글은 독자에게 가능성을 심어주는 글이다.** 내 글을 읽는 독자가 내 글을 읽기 전과 비교해서 조금이라도 더 나은 사람이 될 수 있는 계기를 만들어 주어야 한다.

예를 들어, 내가 오늘 '대한민국은 살기 힘들다'는 글을 썼다고 하자. '대한민국은 정말 살기 힘들고, 앞으로도 계속 그럴 것이다'라는 이야기를 하고 끝내면, 그저 그런 글이 된다. 글에 감동이 없다. 이런 글의 결말에는 항상 그러면 우리는 무엇을 해야 하는지, 그렇게 하면 우리에게 어떠한 희망이 생기는지 메시지를 던질 수 있어야 한다. 그것이 인플루언서의 자세다. 독자와 함께 해결을 도모하는 것이다. 즉 '나도 이렇게 했어, 너도 할 수 있어'라는 메시지를 던질 수 있어야 한다는 것이다. 혹은 '블로그 글에 있는 정보가 너에게 도움이 될 거야'라는 메시지를 던질 수 있어야 한다. 나는 블로그 글을 쓸 때 자주 독자에게 이야기한다. 나도 했기 때문에 당신도 할 수 있다고. 이런 메시지가 모여 당신을 인플루언서로 만드는 것이다.

6) 권위 있는 정보를 제공

블로그 글에 권위 있는 정보를 활용하는 것은 내 글의 신뢰를 높이는 역할을 한다. 나는 책의 구절을 이용하는 걸 선호한다. 바쁜 현대 사회에서 내 블로그 글을 읽은 것만으로도 짧게 독서를 했다는 기분을 느낄 수 있기를 바랐다. 또한 내 글에 신뢰성을 부여하고 싶었다. 실제로 독자들은 책 구절이나 명언에 신뢰를 느꼈다. 댓글을 통해서 책 구절이나 명언을 공유한 것에 대한 감사 인사를 많이 받았다. 나는 대부분 글에 책의 좋은 구절이나 명언을 넣는 편이다.

글의 주제가 매번 다른데 그때마다 적절한 책의 구절이나 명언을 옮겨오려면, 그만큼 평소에 독서를 많이 해야 한다. 나는 책을 읽다가 좋은 구절과 명언을 발견하면 엑셀로 저장해 두고, 필요할 때 바로바로 꺼내 쓰는 편이다. 이런 노력을 반복하면 나중에는 쉽게 상황에 맞는 좋은 구절이나 명언을 찾을 수 있다.

경우에 따라서는 최신 뉴스를 활용할 수도 있다. 나도 뉴스를 보다가 영감을 얻어서 글의 소재를 발견할 때가 많다. 뉴스의 주요 내용이나 사진을 캡처해 나의 생각을 덧붙이면 읽을 만한 글 한 편이 완성된다.

7) 일기처럼 쓴다

초등학생이 쓴 일기처럼 'What'을 반복하라는 이야기가 아니다. '나는 오늘 학교에 갔고, 학원에 갔고, 집에 왔다'는 식의 What을 반복하는 것에는 대부분 관심이 없다. **내가 말하는 '일기처럼 쓰라'는 것의 의미는 글 쓰는 공간을 자신의 생각을 조용히 풀어내는 용도로 사용하라는 것이다.**

사람은 남의 생각이나 생활을 훔쳐보길 좋아한다. 인스타그램이 인기 있는 이유는 남의 생활을 사진 한 장으로 훔쳐볼 수 있기 때문이다. 반대로 블로그에서는 '남의 생각'을 훔쳐볼 수 있다. 그런데 많은 사람들이 여러 이유로 자신의 생각을 솔직하게 풀어내지 않는다. 아니, 생각 자체를 잘 적지 않는다. 만약 당신이 당신의 생각을 적기 시작하면 사람들은 반응을 보일 것이다. 이때, 모든 것을 보여주기보다 조금씩 드러나게 하는 것이 더 흥미롭다. 대놓고 보여주는 것보다 은밀하게

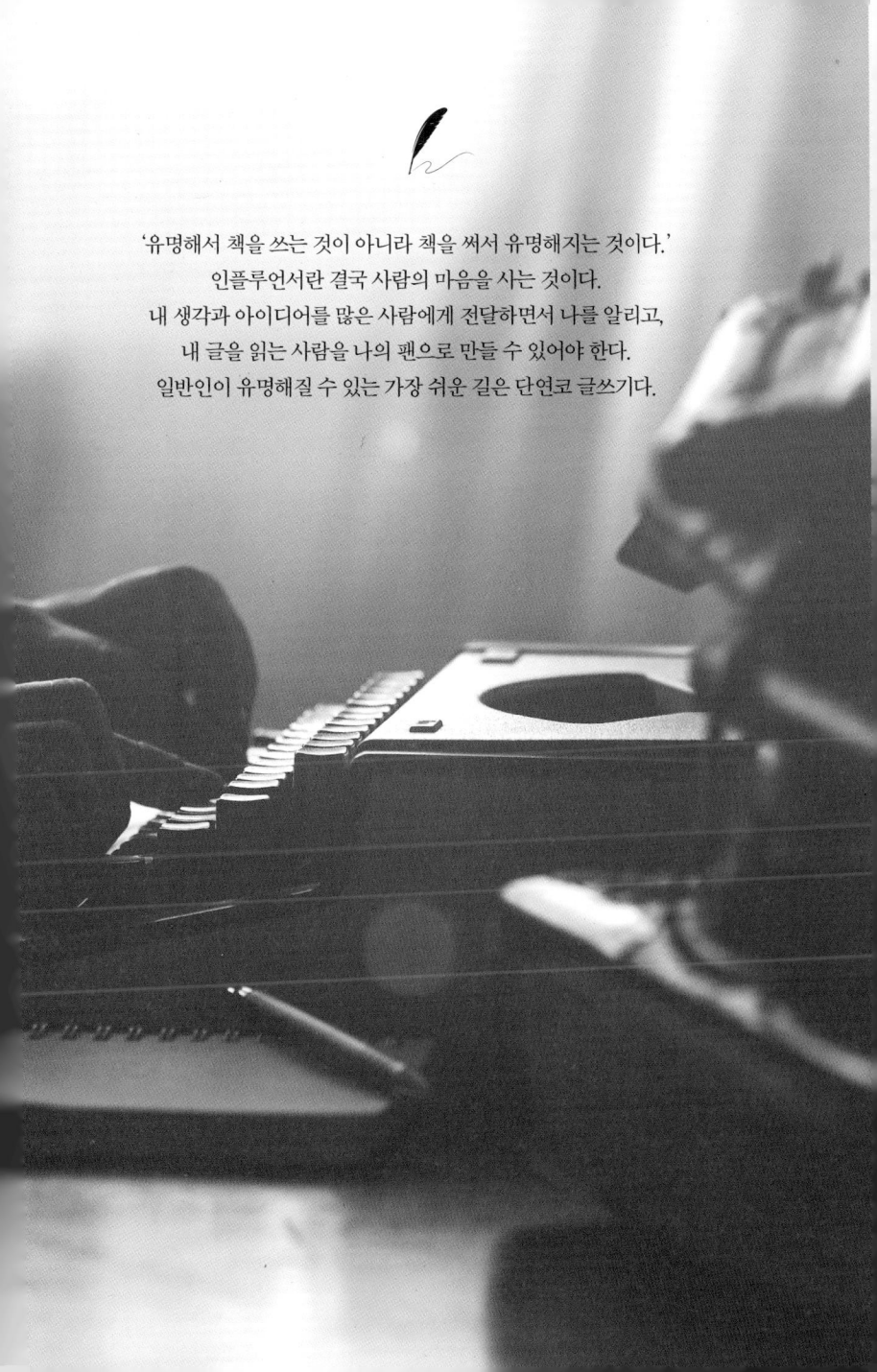

'유명해서 책을 쓰는 것이 아니라 책을 써서 유명해지는 것이다.'
인플루언서란 결국 사람의 마음을 사는 것이다.
내 생각과 아이디어를 많은 사람에게 전달하면서 나를 알리고,
내 글을 읽는 사람을 나의 팬으로 만들 수 있어야 한다.
일반인이 유명해질 수 있는 가장 쉬운 길은 단연코 글쓰기다.

보여주는 것이 더 매력적일 수 있다는 이야기다. 매일 조금씩 당신의 생각들을 세상에 내놓기 시작하라.

<u>8) 충분한 소통</u>

블로그 이웃이 수만 명이 되기 시작하면 이웃과 소통하는 것 자체가 큰일이 된다. 댓글이 수백 개 달리기 시작하면 댓글에 답장만 하는 것에도 몇 시간이 필요할 수 있다. **여기서 말하는 소통이란 특히 초기의 소통을 의미한다.** 나에게도 댓글이 달리지 않는 시기가 있었다. 그런 시기에 댓글이 한두 개 달리기 시작하면 무조건 진심으로 댓글에 답해야 한다. 그리고 댓글을 쓴 분의 블로그에 방문해서 글을 읽고 공감과 댓글을 단다. 이런 과정을 통해서 진실된 이웃 한 명이 생기는 것이다.

이런 과정을 거치다 보면 당신에게 댓글을 다는 사람이 10명쯤 생길 것이다. 그 이후에는 내 블로그 글의 댓글에는 친절하게 답장을 한다. 어느 순간부터는 타인의 블로그에 매번 방문하기가 쉽지 않아질 것이다. 나는 지금도 100개 이상의 댓글 중에 초반 50개 이상은 답글을 단다. 내 이름으로 검색해서 내 이름을 태그한 블로거들의 글에는 공감을 누른다. 각 단계에서 내가 할 수 있는 소통은 적극적으로 하는 편이다.

나는 가끔 이벤트도 진행한다. 내가 쓴 전자책을 배포하거나 내 책에 대해 독후감을 쓰면 사인을 한 내 책을 선물로 주는 이벤트를 진행했다. 이런 활동들은 나를 알리기 위한 것이기도 하지만, 내가 이웃과 소통하는 방법이기도 하다.

9) 내가 틀릴 수도 있다

인플루언서는 항상 겸손한 자세를 유지해야 한다. 내가 본 대형 블로거들 중에서는 자신이 맞다는 자세를 가지고 남을 가르치려 드는 사람들이 많았다. 그들은 다수의 팬을 가지고 있지만 그만큼 안티도 많았다. 그들의 자만심이나 거만함을 싫어하는 사람들이 있다는 것이다. 사실 완벽한 사람은 없다. 나는 팬이 많은 사람이 더 대단한 사람이라고 생각하지 않는다. 운이 좋았을 수도 있고, 꾸준함의 결과일 수도 있다.

사람은 누구나 실수를 할 수 있고 누구나 틀릴 수 있다. 그러니 겸손한 자세를 유지해야 한다. **내가 이웃이 10명이든, 10만 명이든 블로그가 대단해진 것이지 내가 대단해진 것이 아니다.** 내가 틀릴 수도 있다는 자세로 독자와 소통해야 한다. 특히, 독자의 반대에 반대하는 자세는 자제해야 한다. 가끔 댓글로 내 생각에 반대하는 글이 달리는 경우가 있다. 나는 대부분 '그럴 수도 있겠군요' 정도로 대응한다. 블로그는 가능한 한 공감의 공간이 되어야 한다. 그것이 인플루언서가 될 수 있는 마인드라고 생각한다.

10) 나를 감동시킬 수 있는가?

나는 가끔 나의 글을 읽으면서 웃기도 하고 울기도 한다. 나의 글을 읽으면서 따뜻함을 느끼고 나의 글을 읽으면서 위안을 얻기도 한다. 반대로 어떤 글을 읽으면서는 아무런 감정이 느껴지지 않고 오히려 불편한 감정이 들 때가 있다. 그건 내가 글을 잘못 썼다는 것이다. 좋은 글은 사람의 감정을 움직일 수 있어야 한다. 글을 쓰면서 자신에게 이런 질문을 던져보라.

'나를 감동시킬 수 있는 글인가?'

나를 감동시킬 수 있는 글은 남도 감동시킬 수 있다. 나를 감동시킬 수 없는 글은 남도 감동시킬 수 없다. 좋은 글은 쓴 사람이 가장 잘 알 수 있다. 글을 쓴 다음에 자신이 쓴 글을 읽으면서 '내가 먼저 감동이 되는가?'를 생각해 보자.

주제는 어떻게
정하는가

글쓰기를 시작하기에 앞서 생각해야 할 것이 바로 '어떤 주제로 글을 쓸 것인가' 하는 것이다. 많은 사람이 여기에서 막힌다. 내가 어떤 주제로 글을 쓸 것인지 쉽게 결정하지 못한다. 한 번 정한 주제는 중간에 바꾸기도 힘들다.

나는 블로그 초기에는 '투자'라는 주제를 정했다. 그 이유는 블로그를 시작할 당시 나의 가장 큰 관심사가 주식과 부동산 투자 및 재테크에 관한 것이었기 때문이다. 나는 미국 주식에 15년 동안 투자했기 때문에 투자에 대해 알고 있는 것이 많았고 실적도 좋았다. 그래서 초반 내 블로그 대부분의 포스팅은 나의 투자 경험과 거래 내역에 집중되어 있었다. 그 이후에는 '책을 써야겠다'는 생각을 하면서 생각이 바뀌었다. '부를 얻기 위한 모든 것'에 대해 쓰기 시작했다. 부의 습관, 부의 생각, 자본주의 생존방법, 주식 및 부동산에 대한 생각, 삶의 지혜 등등 다양한 주제들을 쌓아갔다.

지금은 부에 대한 내용보다는 삶에 대한 내용을 더 많이 쓴다. 사랑을 나누면 얻는 것이 더 많고 그 과정에서 부도 자연스럽게 만들어진다고 생각한다. 지금 내가 주식 이야기를 한다면 '내가 산 주식을 사랑하는 것이 투자'라고 이야기할지도 모르겠다. 이렇게 주제는 조금씩 바뀔 수 있다. 그럼에도 하고 싶었던 이야기를 지금까지 꾸준히 썼다면 더 큰 성장을 할 수 있었을 것 같다는 생각도 해 본다.

그렇다면 블로그를 써 본 적이 없는, 이제 막 블로그를 개설한 사람이 첫 글을 쓴다면 어떻게 주제를 정해야 할까? 지금은 이렇게 조언해 주고 싶다. **'나만의 책을 쓴다는 생각으로 써라.'** 그렇게 블로그 글이 수백 개 쌓이고, 이웃의 수가 수만 명이 되면 자신의 이름이 박힌 책을 발간하는 것이다. 그러니 '나는 이미 작가'라고 생각하라. 처음부터 내 책을 한 권 쓴다고 생각하며 블로그를 하면 편하다. 책을 쓴다는 생각으로 블로그를 하면 여러 가지 장점이 있다.

첫 번째, 책을 쓴다는 것은 나만의 아이디어가 들어간다는 뜻이다. 그래서 애초에 독창적인 블로그 글을 쓸 가능성이 높아진다. 당연히 다른 사람의 책과 여러 정보를 활용해야겠지만, 기본적으로 자신의 생각이 들어갈 수밖에 없다.

두 번째, 책을 쓴다는 생각으로 글을 쓰면 글의 질이 높아질 것이다.

명확한 목표가 있으니 대충 쓰지 않을 것이다. 스스로가 작가라는 생각으로 블로그 글을 엮어서 나중에 책으로 내겠다는 목표를 잡고 글을 쓰는 것 자체가 블로그 글의 수준을 높인다.

세 번째, 책을 쓴다는 생각으로 접근하면 어느 정도 자신의 관심사가 있는 주제를 선택하기 수월할 것이다. 관심 없는 분야의 책을 쓸 리는 없을 것이기 때문이다. 책을 쓴다는 생각 자체가 블로그 주제를 정하는 데 도움이 된다.

네 번째, 주제가 집중되어 소위 잡블로그가 되지 않는다. 잡블로그란 특정 주제 없이 이런저런 주제를 모두 쓰는 블로그를 말한다. 나는 일관성이 중요하다고 믿는 사람이고 잡블로그로 인플루언서가 되기는 어렵다고 생각하는 사람이다. 시중에 존재하는 모든 책은 특정 주제 안에서의 내용만 담고 있다. 이를 염두에 둔다면 잡블로그가 되지 않도록 신경 쓰게 될 것이다.

다섯 번째, 실제로 미래에 책을 출간할 수 있게 될 것이다. 300페이지 가까이 되는 책을 쓰는 것은 쉬운 일이 아니다. 블로그 글을 통해서 어느 정도 글을 차곡차곡 쌓아 놓는다면 향후 목차를 만든 다음 살을 붙이기가 쉬울 것이고, 그러면 아무것도 없는 상태에서 글을 쓰는 것보다는 훨씬 수월하게 출간할 수 있을 것이다.

나의 첫 책 『부의 통찰』도 블로그 내용이 80%를 차지한다. 물론, 수정과 편집을 거치고 재구성해야 했지만, 아무것도 없는 상태에서 책을 쓴 것보다 훨씬 빠르게 책을 쓸 수 있었다. 내 블로그 글을 소주제별로 분류하고 각 주제에 맞는 블로그 글을 찾아서 넣은 다음, 현시점에 맞게 업데이트를 했다. 이런 과정을 통해 책을 쓰는 데는 3개월 이하의 시간이 소요되었다.

주의할 점은 자신이 쓰고 싶은 책이지만 아무도 관심이 없는 주제를 잡지 않도록 조심해야 한다는 것이다. **좋은 주제는 '내가 잘 쓸 수 있는 글, 내가 좋아하는 글, 독자들의 수요가 있는 글'이라는 3가지 요소가 맞아떨어져야 한다.** 예를 들어, 이 책의 주제인 글쓰기를 생각해 보자. 글쓰기는 내가 4년 이상 해 온 것으로 잘할 수 있다. 그리고 나는 글쓰기를 좋아하는 사람이다. 온라인 글쓰기는 요즘 많은 사람이 관심을 두는 주제다. 그렇기 때문에 글쓰기는 훌륭한 주제가 될 수 있다.

나를 힘들게 한 것이 주제가 될 수도 있다. 나는 16년의 긴 직장 생활에서 힘든 점이 많았다. 그래서 어떻게 슬기롭게 직장 생활을 하는 것이 좋은지에 대한 글도 가끔 썼다. 그 글들은 어떤 글보다도 호응이 좋았다. 대부분의 사람이 비슷한 아픔을 공유하기 때문이다. 당신을 지금 힘들게 하는 것이 글의 주제가 될 수 있다.

한 가지 더 감안해야 할 것이 있다. 블로그를 시작하면 향후 10년 동안 글을 써야 할 수도 있다. 결국은 시간이 인플루언서를 만들어 주기 때문이다. 그렇다면 내가 선정한 주제를 10년 뒤에도 쓸 수 있을지 고민해봐야 한다. 만약 10년이 지났을 때 의미 없는 주제가 될 여지가 있다면 다시 한번 생각해봐야 한다. 시간이 지나도 바뀌지 않고, 오히려 중요성이 더 높아지는 그런 주제를 선택하는 것이 좋다.

소재는 어디서
구할 것인가

　나처럼 하루에 여러 개의 블로그 글을 4년 넘게 쓰고, 수많은 글을 X, 스레드와 인스타그램에 올리려면 끊임없이 소재를 구해야 한다. 매일 새로운 글을 발행하는 것이 생각보다 쉽지 않은 일일 수도 있다. 나는 소재를 구하기 위해서 많은 노력을 한다. 내가 소재를 구하는 방법을 정리하면 다음과 같다.

- 일상생활을 하면서
- 책을 보면서
- 책의 구절을 정리한 나만의 포맷을 보면서
- 남의 블로그 글을 보면서

- 나의 예전 블로그 글을 보면서
- 텔레그램, 단톡방 등의 정보를 보면서
- 신문을 보면서

이 중에서 내가 제일 좋아하는 방법은 일상생활을 하면서 소재를 구하는 것이다. 내가 한참 블로그 글을 쓰는 데 집중할 때는 하루 종일 일상생활을 하면서 블로그 글쓰기에 대해 생각한 적도 있다. 나는 '가장 좋은 글은 각자의 일상생활에서 만들어진다'고 생각한다. 독창성을 확보할 수 있기 때문이다. 하지만 우리는 하루에도 수만 가지의 생각을 하기 때문에 일상생활에서 떠오르는 생각을 금방 잊어버리게 된다. 그래서 나는 어떤 아이디어가 떠오르면 항상 네이버 블로그 앱을 열어서 간단한 생각을 적어둔다. 길게 쓸 필요도 없다. 다시 읽었을 때 생각날 정도의 내용만 적어두는 것이다. 이런 방식으로 한다면 하루에도 여러 개의 소재를 찾을 수 있다.

　이후 책상에 앉아서 내가 저장해 둔 글을 열어본다. 그 메모에 살을 붙이면 한 편의 글이 된다. 내 생각을 붙이고, 그에 맞는 격언이나 문구를 넣고, 사진을 넣고, 문법을 교정하면 훌륭한 글이 만들어진다. 보통 글을 쓸 때 글감을 생각하면서 시간을 보내는 경우가 많다. 나처럼 글감을 정해놓고 글을 쓴다면 20분 이내로 한 편의 블로그 글을 완성할 수 있다. 평소 읽는 것들에서도 소재를 얻을 수 있다. 예를 들어, 아침에 일어나서 경제 신문을 보고, 즐겨 보는 블로그의 글을 읽고, 내가 정리한 책의 구절을 보는 등의 루틴을 통해서 블로그 소재를 찾는 것이다.

영향력 있는 블로거가 되기 위해서는 무엇을 해도 글을 생산하는 생산자의 시각을 가져야 한다. 신문을 보아도, 남의 글을 보아도, 밥을 먹으러 가도, 친구와 대화를 해도, TV를 볼 때도 생산자의 시각으로 어떻게 소재를 가져와서 내 생각을 붙여 글을 쓸 수 있을까를 고민해야 한다. 물론, 이런 것들도 모두 네이버 블로그 앱에 간단하게 기록해 둔다. 그렇게 1년, 2년을 보내다 보면 생산자의 시각으로 세상을 바라보는 것이 습관화될 것이다. 그 이후로는 누가 시키지 않아도 혹은 내가 의식하지 않아도 자연스럽게 생산자의 관점으로 세상을 바라보고, 생산자의 입장에서 글 쓰는 것이 가능해진다.

나는 지금 블로그에 500개가 넘는 소재들이 쌓여 있다. 모두 일상생활이나 내가 보고 읽는 것에서 얻은 소재들이다. 이렇게 쌓인 소재는 내가 향후 블로그 글을 쓸 때 아주 큰 도움이 된다.

온라인 글쓰기에서 중요한 스토리와 포맷

스토리를 만들어 낼 줄 아는 것은 아주 강력한 무기가 된다. 타인을 설득하는 일, 타인이 공감하게 하는 것은 매우 어려운 일이다. 하지만 스토리를 만들면 많은 사람의 마음을 움직일 수 있다. 인간은 모두 다르고 나와 비슷한 생각을 가진 사람은 있지만 완전히 같은 생각을 하는 사람은 없다. 우리는 다른 환경에서 다른 것들을 배우면서 성장했고 각자 자신만의 강한 자아를 가지고 있다.

우리의 뇌는 다른 사람의 의견을 자신에 대한 위협으로 인식한다. 우리는 서로를 설득시킬 수 있다고 생각하지만 사실은 서로 설득을 할 수가 없다. 다른 사람의 의견에 대해서 방어체제를 갖추는 것이 인간의 본능이기 때문이다. 그렇기 때문에 사실을 가지고 남을 설득시키거나 공감을 만들어 내려고 하면 실패하는 경우가 많은 것이다.

인간은 오랜 기간 스토리를 들으면서 진화해 왔기에 스토리에 익숙하다. 인간의 뇌는 스토리를 진실로 받아들인다. 인간의 뇌는 스토리를 중요하다고 인지해 그것을 통해서 위협을 인식하고 기회를 찾는 방식으로 진화했기 때문이다. 인간은 스토리를 듣는 순간 자신의 일처럼 생각하며, 스토리에서 교훈을 얻으려고 노력한다. 단군 신화, 박혁거세 신화 등 수많은 스토리를 만들어서 남을 설득하고 부족을 통합하려고 노력해온 것을 보면 알 수 있다.

온라인 글쓰기도 다르지 않다. 나는 항상 스토리로 글을 시작하려고 노력한다. 가능하면 내 스토리를 넣으려고 하고, 여의치 않다면 책이나 다른 사람의 글에 있는 스토리를 소개한다. 스토리로 글을 시작하면 독자는 처음 읽는 글이라도 몰입한다. 그렇게 시작한 글은 좋은 글이 될 수밖에 없다. **글을 쓰는 우리는 스토리텔러가 되어야 한다.** 역사상 가장 많이 팔린 책은 기독교 세계관의 스토리를 담은 성경이고, 현대에 와서 많이 팔린 책 중의 하나인 『해리포터』 시리즈도 판타지 소설이다. 사실을 전달하는 것보다 스토리를 이야기하는 것이 훨씬 더 강력하다.

어떤 책을 읽었을 때 저자가 더 궁금해지는 책이 있고 저자가 궁금해지지 않는 책이 있다. 저자가 궁금해지는 책은 보통 저자의 스토리가 많이 담겨 있어서 그렇다. 아무리 좋은 책이라도 저자의 스토리가 거의 없는 책은 저자가 궁금해지지 않는다. 자신을 알리기 위한 수단으로 책을 쓴다면 자신만의 스토리를 책에 많이 넣어야 한다. 이는 블로그 등의 온라인 글쓰기에도 해당되는 말이다. 좋은 스토리텔러가 되기 위해서 문학 작품을 읽거나 영화, 드라마를 보는 것도 나쁘지 않다고 생각한다. 스토리텔링을 잘하는 블로거의 글을 참고하는 것도 도움이 된다. 여러 가지 방법을 통해 스토리텔링 스킬을 높이고 자신의 블로그에 적용하도록 노력해 보자.

글 한 편을 쓰는 데 1시간 이상씩 걸리면 매일 쌓아가야 하는 블로그를 꾸준히 지속하기가 힘들다. 글은 쉽게 쓸 수 있어야 한다는 것이 나의 지론이다. **나는 블로그 글을 쓸 때 30분 이상 걸리면 안 된다고 생각한다.** 나는 자료를 찾는 시간이나 영감을 얻는 시간을 제외하고 순전히 글을 쓰는 시간은 20분도 채 걸리지 않는다. 블로그는 엄연히 부업 혹은 취미 생활이기 때문이다. 매번 훌륭한 글을 쓰고 싶은 욕심이 생길 수도 있다. 하지만 그런 경우라 할지라도 20분을 넘기면 안 된다. 왜냐하면 그래야 마음먹었을 때 1개가 아니라 2개, 3개 이상도 쓸 수 있기 때문이다. 블로그는 질도 중요하지만 양이 더 중요하다. 우리는 블로그 외에 다른 SNS도 사용해야 하기 때문에 블로그 글에만 매달려 있을 수도 없지 않은가.

그럼 어떻게 글쓰기를 20분에 마칠 수 있을까? 자신만의 포맷이 있어야 한다. 글을 쓸 때마다 반복 사용할 수 있는 가장 효율적인 포맷을 만들어야 한다는 의미다. 예를 들어, 내가 자주 사용했던 포맷은 다음과 같다.

1. 나의 스토리

2. 책 등에서 얻은 문구

3. 교훈

　1, 2, 3 순서로 구성했던 이유는 바쁜 현대인들이 짧은 시간에 글을 구조화해서 읽을 수 있도록 하기 위해서였다. 그리고 스스로도 글을 포맷화해서 매번 구성에 대한 고민 없이 쉽게 글을 쓰기 위해서였다. 이는 X나 스레드 등에 짧은 글을 쓸 때도 마찬가지로 적용된다. 짧은 글도 자신만의 포맷이 있으면 훨씬 편하게 올릴 수 있다. 예를 들어, 나는 X에 읽었던 책의 문구를 적고 나의 생각을 한 줄 덧붙이는 방식을 좋아한다. 이를 반복하다 보면 훨씬 쉽게 글을 올릴 수 있다.

　나만의 포맷이 있으면 차별화가 되고, 일관적으로 쉽게 쓸 수 있으니 꾸준히 쓰게 될 가능성이 높아진다. 자신만의 포맷을 만들어 이에 기초해서 글을 쓰는 연습을 해 보길 바란다. 블로그에 글을 쓰고 올리는 것이 훨씬 쉬워질 것이다.

좋은 문장을 수집해
나만의 문장을 만들자

블로그나 SNS를 운영하면서 명언을 인용하는 것은 좋은 전략이다. 명언은 내 글의 권위를 높일 수 있고 더 깊은 공감을 만들 수 있다. 나는 블로그를 쓰면서 모든 글에 명언을 하나씩 넣으려고 노력했다. 이를 통해 글의 완성도가 높아진다는 생각을 했다. X에는 아예 명언을 그대로 넣었다. 명언 자체가 사람들에게 동기 부여나 영감이 되기 때문에 그대로 명언을 넣는 것 자체가 콘텐츠가 되었기 때문이다.

이런 과정을 반복하다 보니 내가 자주 사용하는 명언이 있었고, 내가 명언을 정리해 둔다면 유용하게 사용할 수 있겠다는 생각이 들었다. 인용하고 싶은 적절한 명언이 생각이 안 날 때도 있어서 바로 확인할 수 있게 정리를 하기 시작했다. 동시에 내가 사용하지 않은 새로운 명언들을 찾기 시작했다. 명언뿐만 아니라 좋은 글, 좋은 문구들을 모으기 시작했다. 그렇게 몇 개월의 시간이 지나자 수천 개의 문구가 정리되었고 그런 문구들은 내 블로그 글을 빛내는 소재가 되어 주었다.

나는 1,000개가 넘는 문구를 구글 문서로 정리해 두고 자주 사용한다. 가끔은 무지성으로 X에 그런 문구들을 연달아 수십 개씩 올릴 때도 있었다. 물론, 초 단위로 올리는 것은 아니고 분 단위로 천천히 올리는 작업을 했다. 그런 포스팅을 통해서도 많은 팔로워를 모을 수 있었으니 좋은 문구의 힘은 생각보다 강력하다.

아래 문장은 내가 X나 블로그 등에 인용을 했던 문장이다. 이런 문장들을 X에 그대로 올리거나 블로그에 일부 인용하는 것은 내 글의 매력을 높이는 중요한 역할을 했다. **책이나 SNS상에서 좋은 문장을 읽었다면 그냥 스쳐 지나가지 말고 나만의 창고에 기록해 두자.** 나는 내 구글 문서를 '보물상자'라고 부른다. 실제로 나의 보물이 모인 곳이기 때문이다. 여기에 기록된 문구 하나하나가 나에게는 소중한 자산이다.

> "무기력할 때 의욕이 생길 때까지 기다리는 사람이 많지만, 그것은 잘못된 일이다. 오히려 '의욕이 나지 않으니 일단 시작하자'는 것이 뇌과학적으로는 올바른 동기 부여 방법이다."
>
> 『당신의 뇌는 최적화를 원한다』 가바사와 시온

72:1 법칙이라는 것이 있다. 자신이 결심한 사항을 72시간, 즉 3일 이내에

매일 글을 쓰는 것만으로 1년 뒤에 상위 10%가 된다.
제대로 된 방법으로 블로그 글을 쓰는 사람은 상위 1%
아니, 상위 0.1%가 될 수 있다.
매일 글을 쓰는 것, 올바른 방법으로 쓰는 것,
그렇게 오랜 기간 쓰는 것이 인플루언서 블로그를 만든다.
누구나 최고의 자리로 갈 수 있는 방법이 있다.
바로 꾸준함에서 최고가 되는 것이다.
그것은 인간이라면 누구나 할 수 있다.

행동으로 옮기지 않으면 단 1%도 성공할 가능성이 없다.

『유영만의 청춘경영』 유영만

좋은 문장을 수백, 수천 개를 수집하다 보면 신기한 현상이 생긴다. 어느 순간 나의 생각을 적고 싶어진다. 나는 나만의 세계를 가지고 있다. 나만의 경험을 가지고 있다. 나의 세계와 경험이 좋은 문장을 만나는 순간 나만의 문장이 만들어진다. 그러면서 이제 나의 문장을 기록하기 시작했다.

솔직히 말하면 이 문장들이 나만의 문장인지도 모르겠다. 좋은 문장이 나의 기억 속에 남아 있다가 나의 세계와 만나서 만들어진 문장이다. 그렇기 때문에 나는 딱히 이런 문장들을 내 것이라고 이야기하지 않는다. 그렇다고 누군가의 명언이나 책에 있는 문구도 아니다. 나는 이런 종류의 문장들도 정리하기 시작했다. 아래는 내가 최근 블로그에 올린 '내가 자주 하는 생각 15개'이다.

1. 진짜 재능은 자신의 힘을 믿는 것이다. 내가 할 수 있다고 수시로 되뇌어야 한다. 그러다 보면 원래 할 수 없었던 일도 해내게 된다.
2. 그냥 하자. 아무 생각 없이 하자. 실력은 남고 감정은 사라진다. 일단 시작하면 없던 실력도 생긴다.
3. 나는 힘들 때마다 이런 생각을 한다. '이번에는 얼마나 성장하려고 내가 이렇게 힘들까?'

4. 사람들은 아무것도 하지 않는 자신을 합리화하기 위해 타인의 노력을 깎아내리고 세상을 탓한다. 하지만 그렇게 살면 정작 자신에게는 아무 일도 일어나지 않는다.

5. 앉은 자리를 바꾸지 않으면 새로운 풍경을 볼 수 없다. 주변 환경을 탓할 시간에 내가 있는 환경을 바꾸자. 환경을 바꾸지 않으면 사람은 바뀌지 않는다.

6. 기분 관리도 능력이다. 스스로 기분 관리를 하며 나를 좋은 쪽으로 차별화해야 한다. 특히, 아침의 기분이 중요하다. 아침의 기분이 하루를 대하는 태도가 되고, 하루의 태도가 모이면 인생이 되기 때문이다.

7. 계속 걸어간다면 결국에는 도착하게 되어 있다. 끝나지 않는 길이란 없다. 길 위에 올라선 자는 계속 걸어야 한다.

8. 작게 시작해야 뇌가 쉽게 받아들일 수 있다. 무엇이든 쉽게 시작해야 이룰 수 있다. 작게 시작하면 크게 이루어진다.

9. 매일매일을 이겨 낼 수 있는 정도가 꿈을 사랑하는 정도이다. 꿈에 눈이 멀어야 한다. 꿈에 내 가슴이 두근거리는 삶을 살아야 한다. 한 번 사는 인생 아닌가?

10. 꿈은 크게 가져야 한다. 그러면 설령 깨져도 그 조각이 크다.

11. 생각이 길면 용기가 사라지는 법이다. 무엇이든 시도하면서 수정해가는 것이 좋다. 생각과 행동의 간격을 좁혀야 한다.

12. 누군가의 반대나 저항을 받고 있다면 이렇게 생각해도 좋다. '내

가 지금 정말 근사한 것을 하고 있구나.'

13. 시련을 두려워하지 말자. 살면서 마주하는 크고 작은 시련들이 사실은 우리 인생의 선물이다.

14. 주변의 성공에 기죽지 마라. 부러워하지 마라. 인생에서 성공이란 언제 이루는가의 문제가 아니라 얼마나 지속할 수 있냐의 문제이다. 그저 나의 성공을 차곡차곡 쌓아올리는 것에 집중하자.

15. 50세가 되지 않았다면 아직 인생의 전반전을 살고 있다는 것을 명심하자.

위의 생각들은 그동안 내가 읽었던 책과 모았던 문장들이 내 머릿속에 섞여서 새로운 문장으로 만들어진 것이다. 어떤 특정 문구를 보면서 문장을 만든 것이 아니다. 갑자기 떠오르는 생각 적기를 반복하면서 만들어진 문장이다. 나는 이런 문장들도 구글에 '나의 문구'라는 이름으로 수백 개를 저장해 두었다. 이런 문구들을 모아 블로그 글로 발행하기도 하고, X에 문장을 올리기도 하고, 생각을 보태 스레드에 200~300자의 글로 쓰기도 한다. 이런 방식은 좋은 생각이 담겨 있기에 좋은 콘텐츠가 만들어질 가능성이 높아진다.

하지만 이전 장에서 언급했듯이 좋은 글과 문장을 많이 접하는 것이 우선이다. 그러다 보면 자신만의 문장이 생각날 것이고 그 문장을 놓치지 않고 기록해 두고 사용해 보는 것이 필요하다. 어떻게 보면 모든 창조는 모방과 학습에서 시작되는 것이다.

질과 양 중에
무엇이 더 중요할까?

"온라인 글쓰기를 할 때 질과 양 중에 무엇이 더 중요할까요?"

내가 사람들에게 자주 하는 질문이다. '정성스레 쓴 품질이 높고 길이가 긴 글을 1주일에 1~2개 쓰는 것'과 '상대적으로 품질이 낮고 짧은 글을 매일 1개씩 쓰는 것' 중에 당신은 어느 쪽이 더 중요하다고 생각하는가? 사람들에게 물으면 신기하게도 대답은 언제나 반반으로 갈린다. 그만큼 둘 사이의 중요도에 큰 차이가 없다고 느끼는 것이다. 나는 양이 더 중요하다고 생각하는 사람이다. **질보다는 양이 중요하다.** 그렇다면 내가 지금까지 말한 것에 대치되는 게 아닌지 의구심이 들 수도 있다.

나는 양이 없는 질은 없다고 생각하는 사람이다. 아주 가끔 좋은 글을 쓰는 것은 노출이 되지 않는다. 당연하지만 아주 좋은 글이 노출이 안 되는 것보다 평균적인 글이 자주 노출되는 것이 나를 알리는 데에는 훨씬 유리하다. 특히, 네이버는 피드를 통해서 내가 소개되고 검색에 의해 내가 노출된다. 글을 많이 쓸수록 노출의 가능성은 높아지는 것이다. **나는 양이 충분히 많아지면 질도 덩달아 높아질 거라고 생각한다.** 매일 계속 꾸준히 글을 쓰는데 질이 좋아지지 않는 사람을 나는 본 적이 거의 없기 때문이다. 글을 매일 쓰면 사고력과 글쓰기 능력이 향상된다. 이렇게 꾸준히 연습하는 사람은 결국 실력이 높아질 수밖에 없다.

그리고 아무리 정성스럽게 글을 써도 그 글을 구독자들이 좋아할 거라는 보장이 없다. 경험상, 내가 정말 좋은 글이라고 생각한 글들이 관심을 못 받은 적도 많았고, 별로 좋지 않다고 생각한 글들이 관심을 많이 받은 적도 있었다. 결국, 독자의 판단과 운 등에 의해서 글의 관심이 결정되기 때문이다. 그러니 어느 정도의 품질을 유지하면서 여러 개의 글을 쓰는 것이 좋다. 당신이 1일 1포스팅을 하면서 '내가 이것보다 더 길게 글을 쓰거나 더 많은 시간을 투입할 수 있다'고 생각한다면 차라리 개수를 늘리도록 하자. 결국 독자가 당신의 어떤 글이 좋은지 공감이나 댓글을 통해 판단해 줄 것이고, 그렇다면 당신은 이를 토대로 더 좋은 글을 쓸 수 있을 것이다.

주의할 점은 어떤 날은 필을 받아 4개를 쓰고, 어떤 날은 1개만 쓰는 큰 차이를 만들어서는 안 된다는 것이다. 포스팅도 이웃들과의 약속이라서 일관성이 중요하다. 되도록 같은 개수 혹은 비슷한 개수를 비슷한 시간에 올리는 것이 좋다. 그래야 이웃들에게 더 많이 더 자주 노출되고, 동시에 신뢰를 얻을 수 있다.

한창 블로그를 키울 때는 출근 전에 1개, 점심시간에 1개, 퇴근 시간에 1개를 올렸다. 이렇게 올리면 늘 그 시간을 기다리는 이웃들이 읽기 때문에 노출도나 참여도가 증가한다. 지금은 개수를 조금 줄여서 평일 아침 7시 30분에 글을 올리고, 여력이 되면 오후에 추가로 글을 올리고 있다. 다른 SNS도 마찬가지다. 최근 나는 X에 하루 10개 이상의 글을 쓰고 있고 스레드에도 평균 2개의 글을 쓴다. 매일 나를 여러 플랫폼에 노출시킨다. 브랜딩이란 꾸준하고 일관적인 메시지를 던져 나를 이해하게 하는 과정이다.

글을 계속 쓰게 하는
에너지를 얻는 법

온라인 글쓰기는 마라톤과 같다. 몇 년 동안 꾸준히 써야 하는 것이 글쓰기다. 그래서 무엇보다 동기 부여가 중요하다. 글쓰기를 계속할 수 있는 에너지를 얻는 것이 필요하다. 그렇다면 글을 계속 쓰게 하는 힘, 그 에너지는 어디에서 얻을 수 있을까?

1) 늘어나는 이웃 수

내가 매일 질 높은 포스팅을 한다면 이웃 수가 점진적으로 늘어날 것이다. 가끔 검색이 잘 되거나 이웃에 의해 다수에게 공유된다면 폭발적으로 늘어나기도 한다. 이럴 때 글을 쓰는 큰 동기 부여가 된다. 나도 2만 명 정도가 될 때까지는 이웃 수 증가가 큰 동기 부여가 되었다.

다른 플랫폼도 마찬가지다. 꾸준히 콘텐츠를 올리면 이웃 수가 늘어날 수밖에 없다. 이렇게 매일 조금씩 혹은 가끔 많이 늘어나는 이웃 수에서 충분히 동기 부여를 얻을 수 있다. 백 명 단위의 목표를 세워두고 플랫폼을 운영한다면 자주 동기 부여를 얻을 수 있고, 어느 순간 수만의 이웃을 가진 블로그로 성장시킬 수 있을 것이다.

2) 이웃들의 칭찬

나는 좋은 피드백을 따로 캡처해 저장해 둔다. 쓴소리의 피드백도 참고할 수 있지만, 따로 저장해 두진 않는다. 좋은 피드백을 주기적으로 보면 블로그를 지속하는 동기 부여를 얻을 수 있다. 요즘에는 다행히 매일 올리는 글에도 좋은 피드백이 수십 개가 쌓여서 저장해 둔 걸 열어보지 않는다. 초기에는 나처럼 피드백을 저장해 두는 것이 필요할 수 있다. **좋은 피드백을 쌓아 두고 주기적으로 보면서 내 글이 누군가에게 가치 있고, 내가 충분히 괜찮은 사람이라는 것을 스스로에게 상기시켜 줄 필요가 있는 것이다.**

3) 부가 수익

나는 애드포스트를 통해 50~100만 원 정도의 수익을 거두고 있다. 이런 수익은 블로그 포스팅을 하는 데 크고 작은 동기 부여가 된다. 물론 초기에는 금액이 적을 수도 있다. 하지만 나는 단돈 몇만 원의 수익을 거두는 것도 훌륭한 동기 부여가 되었다. 내가 더 성장하면 더 큰 수익을 거둘 수 있을 것이라는 희망이 생기기 때문이다. 물론, 애드포스트 수익이 전부가 아니다. 내가 알려지면 전자책을 판매할 수도 있고, 강의를 열 수도 있고, 사업에 연결할 수도 있다. X를 통해서도 월에 수십만 원의 수익을 얻을 수 있다. 나는 여러 가지 방법으로 월에 수억을 버는 사람도 본 적이 있다. **내가 돈을 벌 수 있다는 생각을 한다면 글쓰기에 더 큰 동기 부여가 될 것이다.**

4) 책 출간

블로그를 시작하고 몇 개월 뒤에 '블로그의 글만 엮어도 좋은 책이 만들어질 수 있겠다'는 것을 알았다. 그리고 매일 나의 글을 읽는 이웃이 늘어나면 책을 사 줄 독자층이 늘어나는 것이고 그렇다면 출판사를 통해 책을 출간하는 것이 어렵지 않을 것이라고 생각했다. 동시에 책을 출간하면 정식 작가가 되는 것이니 그 이후 내 블로그와 블로그의 글에 권위 혹은 가치가 더 커질 거라고 생각했다. 실제로 출간한 이후에 더 많은 독자가 블로그를 찾아왔고 독자들이 공감을 남기거나 댓글을 남기는 비율이 늘어났다.

앞서 말했듯, 처음부터 블로그를 시작하면서 내 책을 낼 것이라는 생각으로 접근하는 것이 좋다. 내 책을 출간한다는 생각 자체가 스스로에게 큰 동기 부여가 된다. 종이책은 물론 전자책까지 포함한 출간을 의미한다. 전자책은 오히려 더 쉽게 접근할 수 있다.

5) 롤모델 설정

롤모델을 설정하는 것은 좋은 동기 부여의 방법이다. 애초에 내가 쓰고 싶은 주제의 롤모델을 정하고 그를 분석하는 것이다. 롤모델을 참고할 때 가장 중요한 것은 그 롤모델의 현재가 아니라 과거를 보는 것이다. 롤모델이 시작할 때 시점의 글을 읽고 분석해 볼 필요가 있다. 이런 과정을 통해서 롤모델도 시작은 미약했다는 것을 알 수 있다. 대부분은 어설프게 시작한다. 그리고 그 롤모델의 현재를 본다. **꾸준히만 한다면 얼마나 성장할 수 있을지 롤모델을 통해 가늠해 볼 수 있다.** 사람은 크게 다르지 않다. 누구나 좋은 방법을 꾸준히 연습하고 내 것으로 만들면 성장하는 것이다. 롤모델을 정하고 그의 스토리를 보는 것 자체가 당신에게 큰 동기 부여가 될 것이다.

12
댓글을 유도하라

인플루언서를 증명하는 것은 방문자 수와 조회 수가 대표적이다. 공감이나 댓글도 중요한데 특히 댓글이 더 중요하다. 좋은 블로그에는 이웃들의 댓글이 많이 달린다. 정말 크게 활성화된 블로그에는 이웃들이 서로의 댓글에 대댓글을 달기도 한다. 나도 자주 경험한다. 특히, 블로그는 댓글의 수가 블로그 지수에 어느 정도 영향을 미친다.

독자가 댓글을 달거나 다른 독자의 댓글에 반응하기 시작하면 체류시간도 늘어난다. 체류 시간은 블로그의 품질을 높이는 결정적인 역할을 한다. 또한, 이웃과 댓글을 통해서 소통하는 것은 충성 이웃을 얻는데 도움이 된다. **그러니 블로그의 활성화를 위해서는 이웃이 댓글을 쓸 수 있도록 유도할 필요가 있다.**

댓글을 유도하는 가장 좋은 방법은 좋은 글을 쓰는 것이다. 글에 독자가 감동해서 댓글을 남기게 되는 게 가장 자연스럽다. 그 외에 독자가 글을 읽은 다음 댓글을 달고 싶게 만드는 장치들을 설치하는 것도 방법이다. **그 방법 중에 하나는 질문을 하는 것이다.** 글 마지막에 독자의 의견을 물어보는 것으로 끝내면 각자의 대답을 댓글에 단다. 새벽형 인간이 좋다는 글을 썼다고 가정해 보자. 글의 마지막에 '당신은 몇 시에 일어나시나요?'로 끝낸다면 이 문장을 넣지 않는 것보다 훨씬 더 많은 댓글이 달린다. **중간에 재미있는 짤이나 농담을 넣는 것도 좋다.** 유머러스한 장치를 글에 넣으면 독자가 편하게 답글을 쓰기 쉬워진다. 내가 경험한 바에 따르면, 딱딱한 내용으로 글을 채우는 것보다 약간의 유머가 섞였을 때 댓글이 더 많았다. 하다못해 'ㅎㅎㅎ, ㅋㅋㅋ'라는 간단한 댓글이라도 달릴 확률이 높아진다.

자기만의 시그니처를 넣는 것도 좋다. 나라는 브랜드를 인식하게 하는 좋은 방법이기 때문이다. 나는 항상 '각자의 정상에서 만납시다. 저슷두잇'이라는 문장으로 글을 마친다. 바로 이런 시그니처가 댓글을 유도하는 하나의 방법이기도 하다. 독자가 글을 읽고 특별히 할 말이 없으면 시그니처를 따라서 댓글에 쓰기도 하기 때문이다. 꽤 많은 독자가 나의 글에 '각자의 정상에서 만납시다' 혹은 '저슷두잇'이라는 댓글을 단다.

또 하나의 방법으로는 자신의 성과를 자랑하거나 자신의 상처를 드러내는 것이다. 나의 감정이 들어가면 좋다. 내가 이룬 성과를 자랑하면 축하하는 댓글이 많이 달리고, 나의 상처를 드러내면 위로의 댓글이 많이 달린다. 다른 어떤 방법보다 강력하고 확실하다. 하지만 늘 자랑하거나 위로받을 일이 있는 것이 아니기 때문에 가끔 사용할 수 있는 방법이다.

3장

영향력 있는
인플루언서 되는 법
: 기본 편 :

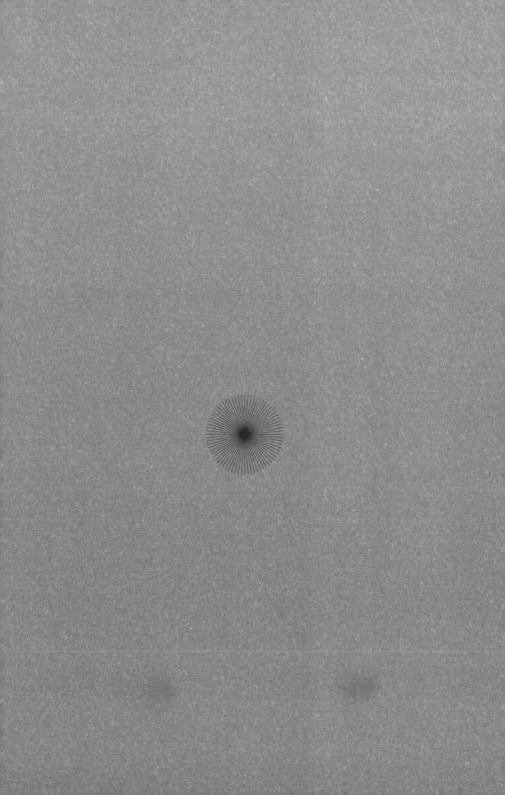

마케팅 퍼널을
활용하라

세상에는 많은 플랫폼이 존재한다. 나는 글을 중심으로 하고 확장성과 성장성이 높은 플랫폼으로 다음의 4종을 추천한다. 네이버 블로그, X, 스레드, 인스타그램.

네이버 블로그는 한국에서 가장 익숙한 플랫폼 중 하나다. 2024년 기준으로 3,000만 개가 넘는 블로그 계정이 존재한다. X는 기존의 트위터를 일론 머스크가 인수한 것으로 전 세계에서 가장 활발한 SNS 중 하나이며, 한국에서는 매월 400만 명 이상이 접속하고 있다. 스레드는 메타의 새로운 글 중심의 플랫폼으로 매월 70만 명이 접속하고 있으며 아직 초기이지만 성장 가능성이 높은 플랫폼이다. 인스타그램은 월 활성자가 1,800만 명이 있는 가장 대중적인 플랫폼이다.

이 책을 읽고 있다는 것은 당신이 활자를 좋아하고 활자에 익숙하다는 증거다. 위의 플랫폼은 모두 쉽게 시작할 수 있고 영상이나 이미지 제작에 대한 특별한 능력이 없어도 글을 중심으로 나를 알릴 수 있는 가장 좋은 플랫폼이다. 지금 당장 이 플랫폼들을 시작하길 바란다.

'나는 블로그만 하는 것이 좋은데 굳이 4가지를 다 해야 할 이유가 있나?'라는 의문이 들 수 있다. 3장과 4장을 통해 왜 4가지 플랫폼을 동시에 사용하면 좋은지에 대해서 설명하고자 한다. 글을 좋아하는 사람은 4가지를 동시에 운영하는 것이 효율적이고 당신을 더 빠르게 인플루언서로 만들어 줄 것이라고 생각한다. 물론 X, 스레드, 인스타그램 중에서 자신에게 맞는 1~2가지를 선택하는 것도 좋은 전략이다. 단, 내가 해당 플랫폼에 맞는지 경험을 먼저 해 보길 바란다.

마케팅 용어에 '퍼널'이라는 개념이 있다. 퍼널은 깔때기 모양을 하고 있다. 위로 갈수록 넓어지고, 아래로 갈수록 좁아진다. 탑 퍼널의 특징은 휘발성이 높다는 것이다. 많은 사람이 볼 수 있지만 그만큼 짧

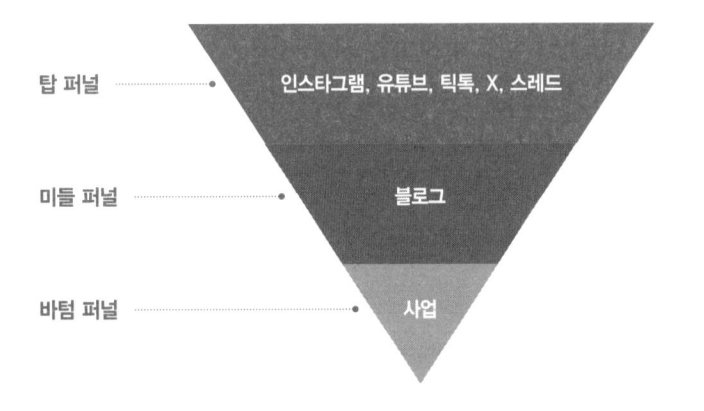

탑 퍼널 ·········· ● 인스타그램, 유튜브, 틱톡, X, 스레드

미들 퍼널 ·········· ● 블로그

바텀 퍼널 ·········· ● 사업

은 시간을 머문다. **우리는 탑 퍼널에서 이웃을 확보하고 링크를 통해 블로그로 유입시키는 활동을 해야 한다.** 탑 퍼널에는 인스타그램, 유튜브 등이 존재하고, 미들 퍼널로는 블로그, 바텀 퍼널에 당신이 하고 싶어 하는 사업이나 출판 등이 있다. 예를 들어, 인스타그램 릴스가 터지면 수만이나 수십만 명에게 노출될 수 있다. 하지만 독자가 릴스를 보는 시간은 고작 몇 초다. 유튜브 영상도 마찬가지다. 널리 퍼질 수는 있지만 짧게 소모되고 독자는 다시 쉽게 빠져나간다. 이 공간은 노출에 유리하지만 독자를 잡아 두거나 독자에게 나의 이야기를 진중하게 전달하기는 힘들다.

미들 퍼널은 다른 특징이 있다. 미들 퍼널에는 블로그가 대표적이다. 휘발성이 낮아서 비교적 오랜 시간 이웃들이 내 글을 본다. 나의 블로그 이웃들은 매일 같은 시간에 내 블로그에 방문해서 4분 이상 글을 읽고 간다. 업로드를 하면 내 글을 읽어주는 사람이 5,000명이 넘는다. 새로운 사람에게 노출되는 것에는 한계가 있지만, 기존 이웃은 내 블로그에 충분한 시간을 내어 준다. 내가 하고 싶은 이야기, 당신이 사업으로 연결하고 싶은 이야기는 여기서 할 수 있는 것이다.

바텀 퍼널에서는 당신이 하고 싶은 사업이 있다. 예를 들어, 나의 책『부의 통찰』은 블로그를 통해서 널리 홍보되었고, 출간 초반에 전체 50위권에 올라 베스트셀러가 되기도 했다. 내 블로그 이웃들은 충분히 내 이야기를 들어 주었고, 그들 중 상당수는 내 책의 팬이 되었다. **이렇듯 바텀 퍼널은 내가 수익을 얻을 수 있는 곳이고, 이는 미들**

퍼널을 통해서 유입이 가능하다. 즉, 탑 퍼널로 갈수록 사람이 많지만 휘발성이 높다고 생각하면 이해하기 쉬울 것이다. 반대로 바텀 퍼널로 갈수록 사람은 적지만 휘발성이 낮다고 생각하면 된다. 이러한 특징을 잘 이해한다면 당신이 어떠한 구조를 만들어야 하는지 알 수 있을 것이다.

탑 퍼널에 있는 플랫폼과 미들 퍼널에 있는 플랫폼을 모두 성장시킬 필요가 있다. 탑 퍼널에 당신의 콘텐츠를 자주 노출해서 사람을 모으고 이를 블로그로 유입시키는 것이다. 특히 X와 스레드는 문자 중심이기 때문에 블로그를 키우는 사람에게 익숙한 도구이기도 하다. 또한, 블로그를 운영하면서 탑 퍼널에서 들어온 사람들이 떠나지 않고 잘 머물 수 있도록 만들어야 한다.

어떤 것이
인플루언서 블로그인가

나는 블로그로 온라인 글쓰기를 시작했다. 지금도 블로그가 나에게는 가장 소중한 플랫폼이다. 나는 사람들과 가장 깊이 있는 소통을 할 수 있는 공간이 블로그라고 생각한다. 당신도 블로그를 성장시키며 인플루언서가 되는 길을 시작하길 바란다.

인플루언서 블로그를 외형적으로도 가늠할 수 있을까? 인플루언서 블로그를 양적으로 평가해봐야 객관적인 지표나 목표가 나올 수 있다. 인플루언서 블로그를 이웃 수, 공감 수, 댓글 수, 조회 수 등으로 나누기는 애매할 수 있다. 이것들은 매크로로 돌릴 수도 있고, 억지로 만들어낼 수도 있기 때문이다. **내가 생각하는 가장 좋은 기준은 '충성 이웃이 1,000명 이상 있는가' 하는 것이다.** 충성 이웃은 억지로 만들 수 없고,

쉽게 만들어지는 것도 아니다. **충성 이웃이 결국 당신의 블로그를 흥하게 하고, 당신이 원하는 메시지를 주변에 전달해 주는 역할을 한다.**

『타이탄의 도구들』의 저자 팀 페리스는 진정한 팬 1,000명을 확보하라고 말한다. 그는 "1,000명의 열성적인 팬을 모을 수 있다면 당신은 무엇을 하든 성공할 수 있을 것이다"라고 했다. 1,000명의 팬이 당신의 서비스를 10만 원씩 구매하면 1억 원이 된다. 1,000명의 열성 고객은 당신이 만든 제품과 서비스를 주변에 적극 홍보하기도 한다. 그렇게 보면 1,000명은 결코 적지 않은 숫자다.

대략 생각해 보자. 충성 이웃이 1,000명이 넘게 있으려면 조회 수가 2,000~3,000 정도가 나와야 하고, 그러기 위해서 이웃 수는 2~3만 명이 넘어야 한다. 모든 사람이 충성 이웃이 될 수 없기 때문에 그보다 많은 조회 수와 이웃 수가 필요한 것이다. 이웃 수가 1,000명인데 모두 충성 이웃이거나 이웃 수가 10만 명인데 충성 이웃은 500명밖에 안 되는 등의 예외는 있겠지만 보통 일반적인 경우를 따져 보자는 것이다.

굳이 외형으로 보자면 이웃 1만 명으로 하겠다. 1만 명 자체가 상징성이 있고 서로이웃이 5,000명까지만 가능하니 최소 5,000명 정도는 순수한 이웃으로 가지고 있다는 뜻이기 때문이다. 이웃 수 1만 명이 넘는 블로거는 분명히 자신만의 정체성과 브랜드를 가지고 있다고 볼 수 있다. 1만 명이 넘으면 인플루언서 블로그의 초입에 들어간다고 볼 수 있을 것 같다. 그렇기 때문에 인플루언서가 되고 싶다면 외형적으로는 우선 이웃 수 1만 명을 목표로 하길 바란다. 나도 1만 명이 넘으면서 출판제의를 받기 시작했다. 블로그 세계에서 1만 명의 이웃을 가진 사람은 0.1% 이하다. 어떤 세계에서든 0.1%는 대우를 받게 되어 있다.

또 다른 지표로는 내가 올리는 모든 글이 24시간 만에 조회 수가 1,000회 정도 나온다면 충성 이웃이 그 정도 있다고 생각해도 좋을 것 같다. 충성 이웃이라면 24시간이 지나기 전에 내 글을 읽어줄 것이다. 사정상 나중에 읽는 사람도 있겠지만, 충성 이웃이 아닌 경우에도 글을 읽는 경우가 있으니 모두를 감안하면 대략 그런 기준이 적절한 것 같다. 글의 조회 수가 24시간 안에 1,000회 이상 나오는지 확인하면 된다. 나는 이제 5,000회 이상 나오고 있다.

그래서 인플루언서 블로그가 되기 위해 외형도 중요하지만, 그것보다는 '진정한 팬을 얼마나 보유하는가'에 더 초점을 맞추길 바란다. 1만 명의 이웃을 목표로 할 수도 있지만 24시간 안에 1,000회의 조회 수를 목표로 해도 좋을 것이다. 꾸준히 자신의 인사이트와 진심을 담아 대중에게 전달해 보자. 사람들이 당신을 이웃 추가하고 당신의 글을 읽는 것은 결국 당신의 글이 좋기 때문이다.

가끔 "이미 블로그는 레드오션 아닌가요?"라고 질문하는 사람들이 있다. 나는 2020년 1월에 이웃 수 0에서부터 시작했다. 나에게는 블로그 외에 다른 어떤 플랫폼도 없었다. 온라인 글쓰기를 처음 블로그에서 시작한 것이다. 그때라고 쉬웠겠는가? 지금도 크게 달라진 것은 없는 것 같다.

블로그 상위 노출의
비밀

검색해 보면 상위 노출을 위한 다양한 방법이 나올 것이다. 상위 노출을 위한 네이버의 복잡한 로직이 존재한다. 하지만 네이버가 정확한 로직을 공개하지 않으니 모두 카더라일 뿐이고, 그런 로직조차 매번 개발자에 의해서 수시로 변동되고 있다.

나는 당신이 제일 신경 써야 할 요소로 체류 시간을 꼽겠다. **네이버가 가장 중요하게 생각하는 것, 시간이 지나도 블로그 품질을 결정하는 최우선 기준은 바로 체류 시간이다.** 이웃 수나 공감 수, 댓글 수 등은 돈으로 살 수 있지만, 체류 시간은 돈으로 살 수 없다. 실제로 블로그에 일정 시간을 머물러야 하기 때문이다. 그래서 체류 시간은 좋은 블로그와 나쁜 블로그를 판단하는 핵심 기준이 된다. 많은 사람이 읽지만 체류 시간이 짧은 블로그는 품질이 점점 낮아지고, 적은 사람이 읽어도 체류 시간이 긴 블로그는 품질이 계속 높아질 것이다. 그러니 블로그의 품질을 높이고 싶다면 독자들의 체류 시간을 늘리는 것에 집중하자. 결국 내 블로그의 충성 이웃을 얼마나 확보하느냐와 연관이 된다. 내 블로그의 글을 좋아하는 이웃은 체류 시간이 길 수밖에 없기 때문이다.

내 블로그는 평균 체류 시간이 4분 30초 정도 나온다. 4분이 될 때도 있고, 5분이 될 때도 있다. 참고로 체류 시간은 내 블로그에 머무는 시간이기 때문에 본문을 읽는 시간 외에 댓글을 다는 시간과 다른 댓글을 읽는 시간까지 모두 포함한다. 내 글이 그리 길지 않음에도 체류 시간이 긴 이유는 댓글이 활발하기 때문이다. 카더라에 따르면 체류 시간이 3분 이상 되어야 좋은 블로그로 인식한다고 한다. 체류 시간은 자신의 블로그 통계에서 확인이 가능하다. 3분이 안 되면 3분 이상 되게 하는 방법을 연구해야 한다. 블로그 체류 시간을 늘리기 위한 방법에는 다음과 같은 것들이 있다.

글을 더 길게 쓰거나, 매력적으로 쓰거나, 의미 있는 짤과 사진, 영상을 넣는 방법이다. 혹은 다른 글의 링크를 본문 마지막에 삽입해 독자들이 또 다른 내 글을 읽을 수 있도록 하는 방법이다. 어떠한 방법이든 더 오랫동안 머물 수 있는 글을 쓰는 것이 우선이다. **그런 글을 계속 발행한다면 시간이 지남에 따라 블로그 지수는 계속 높아질 것이며, 결국 내 블로그의 글들이 상위 노출될 수밖에 없다.** 나는 블로그 검색어 작업을 전혀 안 하지만 체류 시간이 높고 재방문율이 높아서인지 상위 노출이 매우 잘 되고 있다.

블로그 상위 노출을 노리고 하는 기술적인 방법으로는 장기적으로 볼 때 블로그에 부정적인 영향을 미칠 수밖에 없다. 바쁠수록 돌아가야 한다. 지금도 수많은 사람이 기술적인 방식으로 접근하다가 블로그 저품질에 걸리고 있는데, 참 안타까운 일이다. 기술적인 방식으로 블로그를 성장시키는 것은 매우 어려운 일이고 앞으로는 더 어려워질 것이다.

체류 시간 다음으로 중요한 지표는 재방문율이다. 재방문율은 독자가 내 블로그를 방문하고 다음에 또 방문하는 것을 말한다. 이 또한 자신의 블로그 통계에서 확인할 수 있다. 재방문율은 1주일을 기준으로 보면 되는데 카더라에 따르면 30% 이상이 나와야 좋은 블로그라고 한다. 좋은 블로그라면 당연히 이웃이 자주 방문할 것이고 나쁜 블로그라면 다시 방문하지 않을 것이다. 나는 현재 재방문율이 70~80%가 넘는다. 이번 주에 나를 방문하는 이웃이 다음 주에 1번이라도 방문할 확률이 70~80%가 된다는 것이다. 물론, 처음부터 이렇게 높을 필요는 없다. 30% 이상이면 충분할 것으로 보인다. **재방문율을 높이려면 독자가 당신의 블로그를 방문했을 때, 당신을 기억하도록 하는 것이다.** 수많은 요소가 있을 것이다. 글의 내용, 글의 문체, 사진, 블로그의 분위기, 당신의 이름 등 무엇이라도 상관없다. 어떤 방법이든 독자가 당신을 기억하고 다음에도 방문할 수 있도록 만들기만 하면 된다.

체류 시간과 재방문율, 이 2가지가 블로그 지수를 높이는 핵심 비밀이다. 다시 말하지만, 이 두 지수가 중요한 이유는 이것만큼은 매크로로 돌릴 수 없기 때문이다. 그렇기 때문에 네이버에서는 이 2가지 지수를 신뢰할 수밖에 없다. 네이버 로직이 자주 바뀐다지만 이 2가지는 중요하지 않은 적이 없었다. 아니, 점점 더 이런 질적인 부분이 중요해지고 있다.

체류 시간과 재방문율을 높이기 위해 결국 가장 중요한 것은 좋은 글을 쓰는 것이다. 좋은 글을 쓰면 체류 시간, 재방문율이 둘 다 올라갈 수밖에 없다. 명심하자. 결국은 기본이 제일 중요하다.

블로그를 홍보하는
7가지 방법

처음에는 누구나 이웃이 없다. 이웃이 없는데 글을 계속 쓰다 보면 힘이 빠진다. 어느 정도 이웃이 늘어나야 글 쓰는 재미도 있을 텐데 말이다. 그래서 빠르게 이웃을 늘리는 현실적인 홍보 방법 몇 가지를 공유해 본다.

1) 인플루언서의 이름을 언급하거나 그의 책을 리뷰하라

블로그 인플루언서의 이름과 책을 리뷰하는 것이다. 그럼 그 인플루언서가 당신의 포스팅을 가져갈 확률이 높다. 당신에 대한 이야기를 자신의 블로그에서 할 확률도 높아진다. 많은 이웃을 가진 인플루언서가 당신의 블로그를 링크로 걸거나 언급하면 하루 수백 명의 이웃이 생길 수 있다. 인플루언서도 사람이다. 자신에게 우호적인 글을 가져다 자신의 이웃들에게 소개하면서 지명도와 인지도를 높이려는 욕구가 있다. 그런 욕구의 소재가 되어주는 것은 좋은 전략이다. 나도 나의 필명으로 검색을 자주 한다. 나의 독자들에게 소개하고 싶어서 다른 블로그의 글이나 링크를 가져온 적이 꽤 된다. **이렇듯 내용이 좋으면 인플루언서는 그 글을 가져가 자신의 이웃들이 볼 수 있게 공유할 것이다.** 그럼 당신의 포스팅이 자연스럽게 널리 노출된다.

2) 인플루언서의 글에 감명 깊은 댓글을 달아라

인플루언서의 글에 댓글을 다는 것도 좋은 방법이다. **그러면 그의 많은 이웃에게 아이디와 글이 노출된다. 그들의 이웃들은 당신에게 이웃 추가를 하게 될 것이다.** 이 단순한 전략을 꾸준히 실행하면 좋은 이웃이 많이 생긴다. 공감을 누르는 것도 좋다. 지금도 블로그 강사들은 인플루언서의 블로그에 와서 공감을 누른 사람들에게 서로이웃을 신청하라고 가르치고 있다. 그 사람들은 공감을 잘 눌러주는 사람이기 때문에 그런 사람들이 이웃이 되면 내 글에도 공감을 잘 눌러줄 거라고 말이다. 많은 서로이웃 신청을 받고 싶다면 인플루언서의 글에 공감을 누르면 된다. 누군가에게 공감과 댓글을 다는 사람들은 그것이 습관이다. 그래서 이미 그 습관이 있는 사람들을 서로이웃으로 신청하는 것이다. 공감을 누르는 것은 마치 내가 서로이웃을 받기 위한 초대장을 보내는 것과 같다고 할 수 있다.

반대로 내가 서로이웃 신청을 할 때는 인플루언서의 글에 댓글을 쓴 사람들을 공략하는 것이 좋다. 그들에게 서로이웃을 신청하라. 그 사람들은 적극적인 사람들이고 향후 당신의 블로그에 댓글을 달아줄 확률도 높은 사람들이다. 공감도 댓글도 하는 사람만 하고, 하지 않는 사람은 전혀 하지 않는다.

3) 대형 카페에 글을 써라

글을 쓰고 끝에 블로그 링크를 남겨라. 나도 초반에 여러 번 남겼다. 이웃이 1,000명이 될 때까지는 나도 종종 그렇게 했다. 약간 부끄럽기는 하지만 이겨 내야 한다. 어떤 카페는 링크를 금지해 두기도 하고, 어떤 카페는 링크를 남기는 것에 우호적인 편이다. 링크 남기는 것에 우호적인 카페를 찾아서 나의 글을 홍보해 보자.

주의해야 할 것은 홍보를 하더라도 그 카페의 주제에 맞는 유익한 정보를 남겨야 한다는 것이다. 그래야 해당 글이 삭제되지 않고, 카페에서 강퇴당하지 않는다.

4) 서로이웃 신청을 적절히 사용하라

서로이웃은 이웃 수를 늘리기에 좋다. 하루에 100명까지 신청이 가능하다. 처음에 외형을 키우기에 이것만큼 좋은 방법이 없다. 산술적으로 100명 중에 50명이 서로이웃 신청을 받아준다고 할 때, 100일이면 5,000명의 이웃을 만들 수 있다. 하지만 무분별한 서로이웃은 독이된다. 앞서 블로그 지수에서 제일 중요한 것이 체류 시간이라고 했다. 형식적인 서로이웃은 체류 시간을 갉아먹는다. 그렇게 자신도 모르게 블로그가 저품질이 되어가는 것인데 많은 사람들이 모르고 있다.

또한 서로이웃을 최대치로 5,000명을 채웠지만 충성 이웃이 없는 블로그는 초라한 블로그가 되어 버리고 만다. 가끔 이웃이 5,000명 이상인데 공감이 10개 미만이거나 댓글이 거의 없는 블로그를 본다. 높은 확률로 서로이웃 추가에만 치중하고 외형만 키운 블로그다. 이 블로그는 체류 시간이 너무 짧아서 글을 써도 네이버에서 검색되지 않는다.

기억하자. 블로그에서 제일 중요한 것은 체류 시간과 재방문율이다. 이웃들이 내 블로그에 체류하고 다시 올 수 있도록 만들어야 한다. 방법은 각자 고민해보라. 결국에는 '타인이 원하는 글을 쓰느냐'에 달려 있을 것이다.

5) 남들이 공유하고 싶은 글을 써라

좋은 글을 쓰면 자동으로 홍보가 된다. 물론, 좋은 글을 쓴다는 것이 처음부터 되는 것은 아니다. 그렇지만 나는 처음 블로그에 글을 쓸 때도 '이 글이 자신의 블로그에 공유하고 싶을 만큼 좋은가'를 한 번 더 생각해 보았다. 지금도 그렇지만 글을 발행하기 전에 마지막으로 하는 생각이 그것이다. 이웃이 3만 명이 될 때까지는 약간 병적으로 이 부분을 신경 썼다. 덕분에 내 글을 수많은 블로거가 공유했다. 공유가 100개 넘는 글도 많다. 그 외에 각종 단체톡, 텔레그램, 카페 등에 공유가 되어 이웃들이 하루에 1만 명 넘게 들어온 적도 있다. 그런 과정들이 쌓이면서 5만이 넘는 블로거가 된 것이다. **언제나 가장 중요한 것은 진심을 담아야 한다는 것이다.** 진심은 통하게 되어 있으니 가짜 말고 진짜 블로그를 만들길 바란다.

6) 2~3번 읽으면서 좋은 글을 써라

나는 아이디어가 떠오르면 스마트폰으로 간단하게 내용을 블로그 임시저장 글로 남긴다. 흥미로운 짤을 보게 되면 역시 스마트폰으로 간단하게 남긴다. 일상생활에서 수많은 아이디어가 생기지만 시간이 조금만 지나도 금방 잊어버려서 영감이 떠오르면 무조건 기록으로 남겨 둔다.

사람은 남의 생각이나 생활을 훔쳐보길 좋아한다.
블로그에서는 '남의 생각'을 훔쳐볼 수 있다.
만약 당신이 당신의 생각을 적기 시작하면 사람들은 반응을 보일 것이다.
모든 것을 보여주기보다 조금씩 드러나게 하는 것이 더 흥미롭다.
매일 조금씩 당신의 생각들을 세상에 내놓기 시작하라.
세상의 반응을 얻을 것이다.

글은 노트북으로 쓴다. 소재만 들어있는 저장 글을 불러와서 구조화하고 살을 붙이기 시작한다. 필요한 격언이나 문구를 추가하고 내 생각을 넣는다. 표현이나 문법을 체크하고 다시 저장한다. 마지막으로 글을 발행할 때는 다시 스마트폰으로 한다. 나의 통계를 보면 70% 이상의 사람이 스마트폰으로 글을 본다. 노트북에서 본 나의 글과 스마트폰에서 본 나의 글은 다르게 보일 수 있어서 마지막으로 한번 쓰윽 보고 발행을 누른다.

요약하면 나는 스마트폰 → 노트북 → 스마트폰의 방식으로 글을 쓰는 것이다. 이런 과정을 통해서 얻은 것이 하나 더 있다. **3번에 걸쳐 글을 보면 처음에는 미처 하지 못했던 생각이 들기도 하고, 처음에는 좋은 생각이었는데 다시 보니 별로라서 지워 버리기도 하며 검열을 하게 된다는 것이다.** 여러 번 나의 글을 마주한다는 것은 장점이 많다. 물론, 이것은 내 방법이기 때문에 참고만 하기 바란다. 글을 쓰다 보면 당신에게 도움이 되는 또 다른 방법을 찾을 수 있을 것이다.

끼 나만의 시그니처를 가져라

나만의 시그니처가 글에 드러나면 누군가 내 글을 읽으면서 나를 한 번 더 생각하게 만들 수 있고, 어디선가 내 글을 발견해도 내 글이라고 인식할 수 있다. 이런 시그니처는 나라는 사람의 정체성을 만드는 역할도 한다.

나도 처음에는 시그니처 문구가 없었다. 하지만 인플루언서의 글을 보다 보니 간단하게라도 끝맺음하는 문구가 있다는 것을 알 수 있었다. 누군가는 글의 마지막에 '끗'을 쓰기도 하고, 일부러 틀리지만 재미있는 문법 오류를 넣기도 한다. **인플루언서들은 이런 장치를 통해서 다른 사람들에게 내 글임을 인식하게 만들고 수많은 블로그 사이에서 자신을 차별화하고 있었던 것이다.** 이런 간단한 장치들도 인플루언서들은 그냥 넘어가지 않았다.

어느 날부터 나는 내 글의 마지막에 '각자의 정상에서 만납시다'와 '저슷두잇'이라는 문장을 넣기 시작했다. 정상에서 만나자는 의미는 명확하다. 그런데 왜 나는 '각자'라는 단어를 넣었을까? 나는 자아실현을 중요하게 생각하는 사람이다. 모든 사람은 각자의 자아실현 목표가 있고, 그 목표는 모두 다를 것이라고 생각했다. 그래서 '각자'를 넣었는데 이 문구는 독자들에게 반응이 매우 좋았다. 댓글로 이 문구를 다시 적으면서 너무 좋다는 반응도 많았다.

나는 실행도 중요하게 생각한다. 무언가를 오래 생각하고 고민할수록 실행력은 떨어진다고 생각한다. 일단 시작하고, 하면서 수정해나가는 것이 중요하다고 생각한다. 가장 적합한 문구는 나이키의 'Just Do It'일 것이다. 하지만 나는 독창적인 문구를 쓰고 싶었다. 그래서 'Just Do It'을 읽히는 대로 '저슷두잇'으로 바꾸었다. 이 또한 반응이 매우 좋았다. 나의 독자들은 이제 이 문구들을 보면 나를 먼저 떠올릴 것이다.

두 문장이 나를 다른 사람들과 차별화하는 독창성이 된 것이다. 당신도 이런 문구를 만들어야 한다. **자신의 정체성이 잘 드러나는 자신만의 시그니처를 만들어서 블로그 글의 마지막에 넣어보자.**

글씨체와 글자 크기도 나는 그런 기준에서 정했다. 나는 포스팅을 할 때 블로그 기본서체가 아니라 꼭 나눔명조를 쓰는데, 이유는 간단하다. 많은 사람이 쓰는 서체가 아니기 때문이다. 기본 글자 크기는 15인데 내가 16으로 쓰는 이유도 마찬가지다. 조금 더 작게 쓰거나 조금 더 크게 쓰는 것 중에서는 조금 더 크게 쓰는 것이 좋겠다고 생각했기 때문이다. 크게 다르지 않은 범위 내에서 나의 글을 차별화하는 것은 이웃이 나를 기억하게 만드는 좋은 장치다.

블로그 글쓰기에서
피해야 할 것

아무리 좋은 글을 써도 이웃에게 외면 받는 블로그가 있다. 생각보다 많은 사람들이 블로그를 운영하면서 다음과 같은 실수를 한다. 좋은 블로그는 방문자가 이웃 추가를 하고 싶게 만들고, 주기적으로 방문하고 싶게 만드는 매력이 있다. 블로그를 운영하면서 방문자에게 다음과 같은 거부감을 주고 있지 않은지 체크해 볼 필요가 있다.

1) 상업적인 블로그 이름을 피하라

'마케팅 천재', '블로그 수익화', '부업의 정석', '온라인 강사' 등과 같은 블로그 명이 있다. 듣는 순간 멀어지고 싶다는 기분이 든다. 무언가 나를 이용할 것 같고, 사기꾼의 냄새도 난다. 누구나 허접한 강사들에게 당해본 경험이 있기 때문이다. **직접적으로 수익을 연결 짓는 이름은 이웃이나 고객으로 하여금 거부감을 일으킬 수 있다.** 우리는 일생을 살면서 꽤 자주 남에게 이용을 당해보았을 것이다. 이런 이름을 접하는 순간 '전문적'이라는 이미지를 가질 수도 있지만(사실 전문적인 느낌도 별로 없다, 블로거의 주장일 뿐이니까) 동시에 '상업적'이라는 이미지도 함께 받게 된다. 사실 양날의 검인데, 얼굴을 볼 수 없는 온라인 세계에서는 주로 부정적으로 작용할 수 있다.

<u>2) 일주일 이상 글을 쓰지 않는 것</u>

장기간 글을 쓰지 않으면 블로그 지수가 떨어진다. 하루 이틀 정도 글을 못 쓰는 것은 괜찮지만 일주일 이상 글을 안 쓰는 것은 블로그 지수 하락에 직접적인 영향을 미칠 수 있다. 장기간 글을 쓰지 않으면 나에 대한 이웃들의 관심이 줄어들어 이웃 수의 변동을 초래할 수 있다. 한번 떨어진 블로그 지수를 올리는 것은 몇 배의 힘이 든다. 한번 떨어진 구독자의 신뢰를 높이는 것 또한 몇 배의 힘이 들 것이다. 이런 시행착오를 겪지 말고 최소한 일주일에 1번 이상 글을 올리려고 노력해야 한다. **물론, 일주일에 1번은 최소한의 기준이다.**

3) 블로그 수익을 위한 협찬 포스팅 작성

블로그 포스팅을 하면 5~10만 원을 제공한다는 업체의 제휴를 자주 받는다. 몇 분의 노력으로 적지 않은 돈을 벌 수 있기 때문에 솔깃할 수 있다. 하지만 나는 한 번도 그렇게 한 적이 없다. 내가 글을 쓰면 5,000명이 글을 읽는다. 그들에게 외면당할 게 뻔한 포스팅을 내 수익만을 위해 발행할 수는 없다. 그런 포스팅을 한다면 나에 대한 신뢰가 떨어질 것이다. **인플루언서 블로거가 되기 위해서는 그런 푼돈을 위해 소탐대실하는 행동은 하지 말아야 할 것이다.**

4) 과도한 공유 글

공유 글이란 남의 글을 가져오는 것이다. 물론, 이웃의 인사이트나 정보를 적절하게 공유하는 것은 나의 이웃들에게 도움이 된다. 하지만 블로그 내 공유 글의 비중이 높아지면 해당 블로그의 가치는 저하될 수밖에 없다. 당신의 블로그는 당신이라는 사람의 스토리와 생각 때문에 존재한다는 것을 알아야 한다. 당신의 블로그에 이웃이 오는 이유는 당신의 생각을 듣기 위해서라는 것을 명심해야 할 것이다. **적절한 필터링 없이 가져오는 정보 글이나 공유 글은 당신과 당신의 블로그 가치를 떨어뜨린다.**

블로그 글을 발행하기 전에 체크해야 할 것들

- 문법 오류는 없는가
- 눌러보고 싶은 제목인가
- 글을 가져가고 싶은가

많은 사람이 블로그 글 발행 전에 문법을 신경 쓰지 않는다. 블로그 글을 발행하기 전에 블로그 앱에서 문법을 체크할 수 있다. '맞춤법'을 누르면 간단한 맞춤법 정도는 체크를 해 준다. 정말 쉽고 간단하기 때문에 반드시 사용하기를 권한다. 일정 수준의 문법 오류는 큰 문제가 없다. 하지만 문법 오류가 계속되면 글 읽는 사람이 불편할 수 있다. 우리는 독자를 편하게 해 줄 의무가 있다.

다시 말하지만, 제목도 매우 중요하다. **이웃이나 서로이웃들이 피드에 뜬 내 글을 눌러보고 싶게 하느냐는 주로 제목이 결정한다.** 흥미로운 제목으로 사람들의 클릭을 유도할 필요가 있다. 때문에 과도하지 않은 적절한 후킹은 필요하다. 새로운 사실을 이야기하거나, 역설법을 사용하거나, 감정적인 제목을 사용하는 방법 등이 있다. 가장 무난한 방법 중에 하나는 숫자를 이용하는 것이다. 제목에 숫자가 들어가면 직관적이고 호기심을 자극할 수 있다.

예시) 좋은 글쓰기의 5가지 방법
망하는 글쓰기의 7가지 패턴
저는 책을 1년 만에 365권을 읽었습니다.

참고로 홀수가 짝수보다 좋다. 이유는 홀수가 완성되지 않은 느낌이라 호기심을 자극하는 여지를 주기 때문이다. 가능하면 짝수로 리스트를 만드는 것보다 홀수로 리스트를 만들어 보자. 또한 공유해 갈 수 있을 정도로 좋은 글을 쓰겠다는 생각을 해야 한다. 나는 글을 쓰면서 늘 이 부분을 생각한다. 내 글이 독자가 공유를 하고 싶을 정도로 좋은 글인가? 당연하게도 내 글이 공유되면 자동으로 이웃이 늘어나게 되어 있다. 많은 이웃이 나의 글을 자신의 가족 단톡방이나 지인 단톡방, 텔레그램이나 카페 등으로 퍼 나른다. 이런 과정을 통해서 내 글이 자연스럽게 알려지고 나의 블로그로 이웃이 유입되고 있다. 가끔 정말 큰 카페나 단톡방에 공유되어 불과 1시간 만에 수백 명의 이웃이 추가되기도 한다.

글쓰기에 있어서 좋은 글을 쓰는 것도 중요하지만 마지막에 퇴고를 하는 것도 매우 중요한 일이다. 유명 작가들은 공통적으로 퇴고에 50% 이상의 에너지를 쓴다고 한다. 물론, 블로그는 발행 이후에도 글 수정이 가능하다. 하지만 잦은 수정은 블로그 지수를 떨어트리기도 한다. 하나의 글을 쓴 다음에 우리는 또 다른 글을 쓰기 위해서 생각해야 한다. 하나의 글을 발행하기 전에 주요한 부분을 체크해서 수정이 필요 없는 글을 올리도록 하자.

X에서 성공적으로
자리 잡는 법

    나는 X를 2022년 6월에 시작했다. X의 전신인 트위터는 2006년에 시작했고, 한국에서는 2010년 이후로 큰 인기를 끌었기에 나는 상당히 늦게 이 플랫폼을 시작한 것이다. 왜 나는 X를 시작했을까? 당시 나의 블로그 이웃은 2만 명이었다. 블로그 세계에서도 충분히 많은 독자를 만나고 있었다. 하지만 내가 마케팅 퍼널에서 강조한 것처럼, 온라인 글쓰기를 통해서 나를 알리려면 새로운 독자들을 만날 필요가 있다고 생각했다. 같은 글쓰기를 하는 곳이고 블로그보다 훨씬 분량이 적은 글을 쓰면서 사람들과 소통할 수 있는 X는 나에게 매우 흥미로운 플랫폼이었다.

    나는 단기간에 X에서 크게 성공했다. 지금 X에서의 팔로워는 6만 명이 넘는다. 나는 늦게 시작한 만큼 X에서 성공적으로 자리 잡기 위한 방법을 연구했다. 그동안의 나의 경험을 이 책에서 아낌없이 공유하려고 한다. 이를 적용한다면 충분히 당신도 X에서 성장할 수 있을 것이다.

X는 280자 이하의 짧은 텍스트 메시지를 공유하는 플랫폼이다. 280자 이상의 글을 작성하면 글자 수가 초과되어 글을 게시할 수 없다. 다만, 이미지는 4개까지 첨부가 가능하고 영상도 첨부할 수 있다. 애초에 X는 사람들이 짧은 글을 빠르게 주고받는 것을 목적으로 하고 있다. **X에서 팔로워를 얻을 수 있는 가장 효과적인 방법은 나의 게시물이 다른 사람에 의해서 리트윗되는 것이다.** 리트윗은 X의 핵심 기능으로 다른 사람의 게시물에 나의 글이 그대로 보여지는 것이다. 한글로는 재게시로 표현된다. 인용을 하는 방법도 있는데 인용은 타인이 특정 코멘트를 하면서 나의 글을 재게시하는 것으로 이 또한 나의 글이 그대로 보여진다.

리트윗과 인용을 받으면 무엇이 좋을까? 처음에 X를 시작하면 팔로워가 없다. 팔로워가 없다는 말은 내 글을 봐주는 사람이 적다는 이야기다. 추천으로 내 글이 나를 팔로잉하지 않는 사람에게 보일 수도 있겠지만 그럴 가능성은 낮다. 예를 들어보자. 팔로워가 거의 없는데 팔로워가 1만 명인 사람에게 리트윗이 된다. 그 1만 명의 팔로워 중에서 상당수는 나의 게시물을 읽게 된다. 나의 글이 좋다면 또다시 리트윗을 하고 그들이 나를 팔로잉하기도 한다. 이런 과정을 거치면 나의 글은 수만, 수십만 명에게 읽힐 수 있다.

X에서의 리트윗은 매우 강력하다. 팔로워 수에 상관없이 리트윗에 의해서 나의 글이 확산, 재확산되면서 수많은 사람에게 노출될 수 있다. 이것은 새롭게 진입하는 사람에게도 기회가 된다. 그렇다면 어떻게 리트윗을 탈 수 있는지를 연구하는 것이 X에서 성공하는 핵심이 된다. 블로그의 본질이 좋은 글을 쓰는 것이듯, X에서도 결국은 내가 얼마나 좋은 콘텐츠를 올리는지가 핵심이라고 할 수 있다. 그동안의 경험으로 X에서 인기가 있는 콘텐츠를 다음의 5가지로 요약해본다.

1) 영감을 주는 인사이트

내가 가장 좋아하는 콘텐츠이다. **자기계발, 동기 부여, 명언, 책의 글귀를 나누는 것이다.** 온라인에 존재하는 여러 콘텐츠를 올릴 수도 있고, 자기 생각을 더해 함께 올릴 수도 있다. 내가 읽은 책의 좋은 구절을 짧게 올리는 것도 좋은 방법 중 하나다. 글, 사진, 영상 모든 방식이 효과가 있다.

2) 리스트 형식

이 또한 내가 즐겨 하는 방식이다. **간단한 아이디어를 나누는 것보다 '~하는 방법 5가지', '~에 필요한 7가지 마인드' 이런 방식의 리스트를 만들어서 공유하는 것이 더 효과적인 경우가 많았다.** 사람들은 구조화된 아이디어에 더 잘 반응하는 경향이 있다. 어쩌면 리스트 된 것을 리트윗하면서 자신의 게시물에 올려 더 잘 기억하려는 욕구가 있는지도 모르겠다.

3) 관심 있는 뉴스

현재 일어나고 있는 주요 사건을 전달하는 방식이다. 흔히 X가 뉴스보다 더 빠르다는 말을 하는데, 뉴스는 여러 가지 검증을 거친 다음에 올라오지만, X에서는 그 어떤 검열 없이 올라오기 때문이다. 그래서 가짜 뉴스나 잘못된 뉴스가 많다. 그럼에도 불구하고, 빠르게 뉴스를 전달하는 것은 강력한 리트윗을 부르는 방법 중 하나다.

4) 트렌드

X에도 검색 기능이 있다. 검색을 누르면 실시간 트렌드를 확인할 수 있다. 예를 들어, 내가 지금 이 글을 11월 15일에 쓰고 있는데 내일이 수능이다. 지금 실시간 트렌드로는 '수능 문제', '출근 시간', '내일 날씨', '수능 응원' 등이 뜬다. **이러한 키워드를 이용해 글을 올리면 검색에 의해 더 많은 사람에게 노출될 수 있다.**

5) 나의 생각

나의 생각과 일상을 공유하는 방식이다. 많은 사람이 이 방식을 좋아한다. 인간은 타인의 생각과 일상에 관심이 많다. 이 방식을 택한다면 사진이 있는 것이 좋다. 사진이 첨부되어야지만 더 관심을 받을 수 있다. 또한, 이 방식은 어느 정도 글쓴이의 인사이트가 녹아 있어야 효과가 있다.

돈이 되는
X 활용법

X는 많은 사람이 글을 나누는 곳이다. 글의 내용도 중요하지만 사람도 중요하다. **내가 사람에게 호감을 느낀다면 글에 더 많이, 더 잘 반응할 수밖에 없다.** X에서는 특정 커뮤니티도 많다. 가장 흔한 것은 특정 연예인의 팬들이 모인 커뮤니티다. 자기소개부터 평소에 쓰는 표현과 단어까지 특정 연예인의 팬이라는 것이 확연히 드러난다. 그들은 서로를 알아보고 서로를 팔로잉한다. 같은 사람을 좋아한다는 것이 서로를 연결하는 강한 고리가 되는 것이다.

X에는 테슬라 팬도 많다. 일론 머스크가 트위터를 인수했기에 일론 머스크나 테슬라를 좋아하거나 테슬라 주식에 투자하는 사람들이 많은 것이다. 이들도 서로를 알아본다. 테슬라 정보나 주가에 대한 생각

을 나누는데, 이들 대부분이 수천 명의 팔로워를 가지고 있다. 국내에만 수만에서 수십만 명의 테슬라 팬이 있을 테니 그중 수천 명과 서로 팬이 되는 것은 어렵지 않을 것이다. 당신이 좋아하는 사람이 있거나 팀이 있거나 그룹이 있는가? 그렇다면 이를 적극적으로 표현하는 것이 좋다. 그리고 같은 것을 좋아하는 사람을 찾아다니며 먼저 말을 걸고 먼저 팔로잉을 하라. 그러면 그들도 당신에게 말을 걸고 팔로잉을 할 것이다.

X는 커뮤니티 기능이 있다. 마치 네이버 카페 같은 곳이다. 같은 관심사를 가진 사람들이 모이는 곳인데, 이 커뮤니티에 들어가는 것도 도움이 된다. 테슬라 커뮤니티도 1.3만 정도의 규모를 자랑한다. 여기에 가입해서 글을 올리고 소통을 하면 수천 명의 팔로워를 만들 수 있다. **이처럼 X는 다른 어떤 플랫폼보다도 소통이 중요한 곳이다.** 리트윗이나 인용을 하는 것 자체가 소통의 방식이며, 댓글도 중요한 소통 방식이다.

블로그와 마찬가지로 나를 알리기 가장 좋은 방법 중에 하나가 대형 계정의 글에 댓글을 다는 것이다. 대형 계정은 많은 팔로워를 가진 계정을 말하는데, 글 하나하나가 노출이 잘 된다. 내가 대형 계정에 댓글을 달면 노출이 잘 될 것이다. 동시에, 그런 계정의 글에 노출된 댓글에 댓글을 달아라. 그렇게 한다면 나의 대댓글도 노출이 잘 된다. 이런 과정을 통해 소통하는 사람들이 생기게 된다. 노출이 되기 때문에 내가 적는 의견에 공감하거나 반대하는 사람이 생기는 것이다. 그러면

인플루언서 블로거가 되고 싶다면
'진정한 팬을 얼마나 보유하는가'에 더 초점을 맞추길 바란다.
1만 명의 이웃을 목표로 할 수도 있지만
24시간 안에 1,000회의 조회 수를 목표로 해도 좋다.
꾸준히 자신의 인사이트와 진심을 담아 대중에게 전달해 보자.
사람들이 당신을 이웃 추가하고 당신의 글을 읽는 것은
결국 당신의 글이 좋기 때문이다.

나는 다시 그들의 계정에 들어가서 댓글을 남기면서 소통을 시작하는 것이다. 이런 식으로 사람들이 나를 먼저 찾아오기를 기다리지 말고, 대형 계정 등에 댓글을 남기며 나와 소통할 수 있는 사람을 찾는 것이 훨씬 빠른 방법이다.

물론 이것은 초반 전략이고 나처럼 수만의 팔로워가 생기면 이런 소통이 어렵다. 지금은 내 글에 댓글을 다는 사람들에게만큼은 공감이나 대댓글로 답변해 주는 것이 내가 할 수 있는 일이다. 어쨌든 소통은 X에서 매우 중요한 수단이다.

X에서 본격적으로 수익을 만들고 싶다면 구독 서비스를 먼저 이해해야 한다. 'X 프리미엄'은 X의 구독 서비스인데, 현재는 베이직, 프리미엄, 프리미엄+가 있다. 기본적으로 사용자가 더 많은 기능을 사용할 수 있도록 하면서 사용자에게 구독료를 받는 서비스다. 예를 들어, 나는 월 1만 원 정도(8달러. 환율에 따라 바뀐다.)의 돈을 내고 프리미엄을 신청했다. 프리미엄을 신청하면 파란색 체크마크가 생긴다. 이로써 나는 게시물을 1시간 동안 수정할 수 있게 되었고, 280자가 아니라 최대 25,000자까지 게시물을 수정할 수 있게 되었다. 긴 동영상을 업로드할 수 있고, 내가 쓴 게시물들이 더 많이 노출될 수도 있다. 그 이외에도 여러 가지 장점이 있다.

일정 조건을 갖추면 광고 수익을 배분받을 수도 있다. 이것도 프리미엄이나 프리미엄+를 신청한 사람들만이 받을 수 있는 혜택이다. 수익을 신청하기 위해서는 지난 3개월간 게시물 노출 수가 500만 회 이상이고 팔로워가 500명 이상이어야 한다는 조건이 필요하다. 보통은 게시물 노출을 팔로워 확보보다 어려워한다. 하지만 보통은 몇 개월 안에 수익화 조건을 달성하고 구독료로 지불했던 몇만 원의 몇 배를 광고 수익으로 받는다.

많은 사람이 "꼭 프리미엄 신청을 해야 하냐"고 내게 묻는다. 초반에는 할 필요가 없다고 생각하지만, X에서 재미를 느끼고 인플루언서가 될 수 있겠다는 목표가 생긴다면 그때 신청해도 늦지 않다. 애초에 프리미엄이 제공하는 기능은 X를 더 편하게 사용할 수 있게 돕는 것일 뿐이니까.

스레드,
잘 알고 시작하자

나는 스레드를 2023년 9월에 시작했다. 스레드가 출시된 것이 7월이기 때문에 살짝 늦은 감이 있었다. 하지만 그 시기 동안 나는 스레드의 성공 가능성을 확인하고 있었다. 스레드는 메타의 SNS이다. 메타는 페이스북과 인스타그램을 가지고 있다. 페이스북은 상대적으로 오래된 플랫폼이라 조금씩 사양길을 걷고 있다. 인스타그램은 전 세계에서 가장 많이 사용되는 앱 중에 하나지만 이 또한 언제든 사양길로 접어들 수 있다. 때문에 메타는 스레드에 많은 투자를 하고 있다. 인스타그램과 페이스북에 스레드가 자주 홍보되는 것은 그런 이유 때문이다.

지금 이 글을 읽고 있는 당신에게도 기회가 있다. 이 글을 2024년에 읽고 있다면 스레드가 출시된 지 1년이 안 되거나 1년 남짓 되었을 것이다. 1년 정도의 시간은 모든 SNS의 초기다. 초기를 선점하는 사람이 쉽게 그 플랫폼에서 인플루언서가 될 수 있다. 이미 스레드에는 SNS을 처음 하는 사람들도 수천, 수만의 팔로워를 가지기 시작했다. 지금 스레드를 시작하면 다른 SNS를 하는 것보다 훨씬 쉽게 당신을 알릴 수 있을 것이다.

네이버 블로그가 1,000자 이상의 긴 글을 쓰는 공간이라면 X는 220자 정도의 짧은 글을 쓰는 공간이고, 스레드는 500자의 글을 쓰는 공간이다. 애초에 스레드는 X를 겨냥해서 만들어진 플랫폼으로, 글의 수도 X의 2배 이상으로 만들어 둔 것이다. 스레드도 X와 같이 인용이나 리포스팅 기능이 있다. 이를 통해서 내가 대형 계정에 소개되면 알려지는 로직은 같다. 다만, 스레드에서의 인용은 상대의 추천 게시판에 바로 등장하지만 리포스팅은 팔로잉 게시판에만 뜬다. 그래서 노출되는 것이 상대적으로 제한적이라고 할 수 있다. 따라서 리포스팅이 많이 된 글은 피드 상단에 올라갈 가능성이 높다.

스레드에서는 대형 계정이 내 게시물을 인용하거나 내 아이디를 글에 넣어주면 나를 더 알릴 수 있게 된다. 가끔 대형 계정에서 이벤트를 하는 경우가 있다. 나도 참여한 적이 있는데, 당첨이 되면 그들이 내 이름을 알려주는 효과가 있으니 기회가 있다면 참여해 보는 것도 좋다.

스레드는 기본적으로 인스타그램을 하는 사람들이 모여 있다. 스레드 아이디가 따로 있는 것이 아니라 인스타그램 아이디가 있는 사람에게 스레드 아이디가 부여되는 것이다. 그래서 스레드에는 약간의 인스타그램 분위기가 있다. 내가 느끼기에 스레드는 네이버 블로그와 인스타그램을 섞어 놓은 듯하다. 그래서 사진이 중요하다. 나는 X를 할 때 글로만 승부했다. 글만 적어서 6만 이상의 팔로워를 모았다. 하지만 스레드에서는 그렇게 하는 것이 효과가 없을 것 같다. 기본적으로 감성적인 사진에 익숙한 사람들이기 때문에 좋은 글과 감성적인 사진을 함께 올리는 것이 더 나을 것 같다.

글의 결을 보아도 X는 이성적이고 스레드는 감성적이다. X에서는 정보를 이야기하고 의견을 나누고 토론하는 경우가 많은데 스레드에서는 자신의 일상을 공유하고 기쁨과 슬픔을 이야기하고 서로 위로와 격려를 하는 경우가 많다. 이런 특징을 미리 안다면 좀 더 스레드 문화에 잘 정착할 수 있을 것이다.

스레드의 또 하나의 특징은 평어 문화가 자리 잡혀 있다는 것이다. 우리는 이를 반말 문화라고 하지 않고 평어 문화라고 한다. 모든 사람이 말을 놓는다. 처음에는 누구나 어색해한다. 나도 그랬다. 하지만 며칠 사용하다 보니 평어가 사람들에게 더 따뜻하고 편하게 다가갈 수 있다는 것을 알게 되었다. 마치 오래된 친구를 만난 것처럼 매일 평어로 대화를 나눈다. 물론, 내가 불편하다면 꼭 평어를 쓰지 않아도 된다. 경어를 쓰면 대부분 경어로 답을 해 줄 것이다.

나도 스레드를 이용한 지 3달 정도밖에 되지 않았고, 스레드도 시작된 지 6개월이 채 되지 않았기 때문에 스레드에 대해 많은 이야기를 할 수는 없다. 하지만 이 책을 읽는 독자들 중에 스레드를 사용해 본 적이 없거나 이제 막 시작하려고 준비하는 분이 있다면 다음과 같은 조언이 도움이 될 것이다.

1) 스팔열차

스레드는 현재 스팔('스레드 맞팔'의 줄임말)열차가 존재한다. 메타에서 공식적으로 소개하거나 허용한 것은 아니지만 스팔열차를 돌리고, 타는 것이 한국뿐만 아니라 전 세계적으로 유행이다. **스팔열차는 특정인이 스팔열차를 알리는 포스팅을 올리고 서로 팔로우를 하자고 제안한다.** 사람들은 댓글과 공감을 통해서 참여 의사를 밝히고 누가 먼저라 할 것 없이 서로 팔로우를 한다. 내가 누군가에게 먼저 하면 그 사람이 나를 다시 팔로잉하고 누군가 나에게 먼저 하면 내가 그 사람을 다시 팔로잉한다.

산술적으로 1,000명의 사람이 참여하면 1,000명에게 1,000명에 가까운 팔로워가 생기는 것이다. 이런 스팔열차는 2023년 7월부터 지금까지 꾸준히 진행되고 있고, 콘텐츠를 올리지 않는 사람도 스팔열차만 타면 수천, 심지어 수만의 팔로워를 가지기도 했다. 나도 스팔열차를 타 보았고, 스팔열차를 운행해 보았다. 이는 팔로워를 모으기 좋은 도구이지만 SNS 본연의 기능과는 거리가 멀다. 나는 언젠가 메타에서 이 문화에 대한 제재를 가할 거라고 본다. 열차를 자주 타면 피드에 내 게시물이 잘 안 뜨게 만드는 등의 알고리즘이 강화될 것이다.

당신이 스레드를 시작하는 시점에 이 문화가 여전히 남아 있을지 확신할 수는 없다. 팔로잉을 통해서 서로의 팔로워를 늘리는 것은 필요한 일 중 하나이고, 어떤 형태로든지 참여를 할 필요성은 있다. 다만, 중요한 것은 결국 좋은 글을 쓰고 소통을 하면서 계정을 성장시키는 것이니 이를 꼭 명심해야 한다.

2) 소통

스레드 세계에서도 소통은 중요하다. 특히 스레드가 아직 초창기이기 때문에 더 중요한 것 같다. 2024년까지는 초기이기 때문에 적극적으로 친구를 만들어 볼 필요가 있다. 주변의 친구에게 스레드를 소개해서 같이 시작하는 것도 좋은 방법이다.

스레드에는 아직 검색 기능이 없지만 곧 도입이 될 것이다. **검색을 통해 나의 관심사에 맞는 계정을 찾고 그들의 팔로워가 되고 서로 댓글을 남기면서 소통을 할 필요가 있다.** 그러면 나와 관심사가 비슷한 사람들이 나의 계정에 오게 될 것이고 방문자가 많으면 내 계정이 피드에 더 많이 노출될 것이다.

스레드는 다른 공간보다 좀 더 따뜻함과 친밀감이 있는 공간이다.

평어 문화도 그래서 생겨난 것 같고, 사람들이 초반이라 더 예의 있게 말하는 것 같기도 하다. 지금이 소통하기 좋은 시기이니 부지런히 스친(스레드 친구)들을 만들어 두길 바란다.

3) 프리미엄 가입과 수익화

스레드는 현재 X와 같은 프리미엄이나 이를 통한 광고 수익화가 없다. 다만 스레드가 X를 겨냥해서 출시가 되었고, 페이스북도 초창기에는 광고를 하지 않고 확장만 하다가 나중에 광고를 게재한 것처럼 스레드 역시 광고 수익화를 할 가능성이 높다. 아마 X와 비슷한 형태가 될 것으로 보인다. 월 1만 원 정도 내는 구독자에게 더 많은 기능을 주고, 일정 조건이 되면 그들에게 다시 광고 수익을 돌려주는 형태 말이다. X와 같이 팔로워가 많은 계정이 더 유리할 테니 수익창출을 원하는 경우 스레드에서 정책을 발표하기 전에 많은 팔로워를 확보해 두기를 바란다. **X와 마찬가지로 스레드에서도 제일 중요한 것은 팔로워 숫자다.** 인플루언서를 결정하는 가장 객관적인 요소가 팔로워 수이기 때문이다.

인스타그램,
잘 알고 시작하자

인스타그램은 대한민국에서 가장 범용적으로 사용되는 SNS다. 대학 신입생들이 자기소개를 할 때 서로 물어보는 것은 전화번호가 아니라 인스타그램 계정이라고 한다. 나는 싸이월드 세대다. 지금의 인스타그램은 어쩌면 과거의 싸이월드 혹은 그 이상의 파급력을 가지고 있다고 볼 수 있다. 인스타그램의 MAU(Monthly Active User)는 1,800만 명이라고 한다. 한 달에 한 번이라도 인스타그램에 접속하는 사람이 1,800만 명이라는 뜻이다. 우리 부모님 세대와 자녀 세대를 제외하고는 대부분이 인스타그램 계정을 가지고 있고 자주 혹은 간헐적으로 접속한다는 것이다.

나는 인스타그램에 대해 선입견을 가지고 있었다. 인스타그램은 사교를 목적으로 하거나 유명인들이 자신이 가진 것을 포장해서 보여주고 그들의 팔로워는 유명을 부러워하며 추종하거나 흉내를 내는 곳이라고 생각했다. 때문에 인스타그램을 할 이유를 느끼지 못했다. 하지만 이미 많은 자기계발 작가들, 강사들이 인스타그램에서 활동하고 있었다. 그들은 자기만의 방식으로 그들의 글을 피드에 올렸고 그중에서 수십만의 팔로워를 가진 사람도 많이 있었다.

어느 순간 내가 인스타그램을 하지 않을 이유가 전혀 없다는 생각을 하게 되었다. 2,000만 명에 가까운 사람들이 이용하고 있고, 그중에 상당수는 자기계발에 대한 의지가 있고 또 자기계발에 도움이 되는 계정을 팔로우하고 있었던 것이다. 그래서 나는 2023년 9월부터 인스타그램에 집중하기 시작했다. 나는 기존의 블로그와 X에서 10만 이상의 팔로워가 있었기에 인스타그램에 1만 명 정도의 팔로워를 모으는 것은 한 달도 걸리지 않았다. 블로그와 X의 이웃들에게 나의 계정을 여러 번 소개하면서 이웃을 유입시키고 동시에 인스타그램에서 성공할 수 있는 전략을 분석하기 시작했다.

지금 이 글을 쓰고 있는 시점에 나의 인스타그램 팔로워는 4만 명이 넘는다. 이 책이 출시될 때 팔로워는 5만 명이 넘을 것이고, 내가 인스타그램을 지속적으로 한다면 2024년 말까지 10만 명이 넘는 팔로워를 가지게 될 거라고 생각한다. 내가 인스타그램 전문가는 아니지만, 그동안 내가 들었던 강의와 나의 경험, 생각을 바탕으로 인스타그램 성공 전략을 간단히 기록해 본다.

1) 카드뉴스

인스타그램의 기본은 사각형 형태의 사진을 올리는 것이다. 사교를 목적으로 한 사람들은 이 공간에 자신의 일상 사진을 주로 올리지만, **팔로워를 모으기 위해서는 일정하게 카드 형태로 나의 콘텐츠를 매력적으로 만들어서 올릴 필요가 있다.**

카드 형태의 콘텐츠를 올리기 위해서 가장 먼저 나의 카드 디자인을 만들 필요가 있다. 카드 디자인이 만들어지면 그 이후로는 글만 입히면 되기 때문에 간단한 작업만이 필요하다. X가 글을 바로 적는 공간이라면 인스타그램은 이렇게 카드로 만들어진 사진을 올리는 곳이라고 생각하면 된다.

카드 디자인은 미리캔버스나 캔바를 통해서 만들 수 있다. 만드는 방법은 인터넷에 많은 정보가 있고 디자인을 만드는 방법이 매우 간단하기 때문에 이 책에서는 생략하고자 한다. 카드 디자인을 만들기 위해서는 많은 지식도, 유료 결제도 필요 없다. 미리캔버스나 캔바를 통해서 무료로 간단하게 제작할 수 있다. 나는 캔바를 통해서 다음 페이지와 같은 디자인을 만들었다.

그리고 내가 X나 스레드, 블로그 등에 쓴 문구들에 이 디자인을 적용해 하루에 5~10개 정도를 꾸준히 올렸다. 이런 반복을 통해서 수만의 팔로워를 단기간에 모을 수 있었다. 인스타그램은 이런 카드를 올리면서 캡션에 글을 추가할 수 있다. 나는 보통 카드의 글귀를 반복해

미리 만들어 둔 카드 디자인

디자인한 카드에 강조할 글귀 올리기

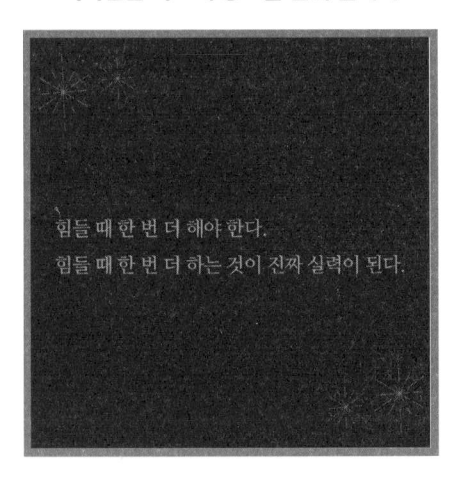

힘들 때 한 번 더 해야 한다.
힘들 때 한 번 더 하는 것이 진짜 실력이 된다.

서 적는다. 키워드가 반복되어야 노출에 도움이 된다. #를 통해서 태그를 걸 수 있는데 최근 태그로 노출이 되지 않는 것으로 알고리즘이 변경되었기에 태그를 적극적으로 사용할 필요는 없다.

인스타그램은 다른 플랫폼과 다르게 음악을 사용할 수 있다. 인스타그램은 스레드와 마찬가지로 감성이 중요한 곳이므로 나의 카드뉴스에 맞는 음악을 선택해서 내 카드뉴스를 더 매력적으로 만들 필요가 있다. 참고로 카드뉴스는 한 번에 많이 만들어 놓고 시간대별로 나누어서 올리는 것이 유리하다. 집중적으로 연달아 올리면 앞에 올린 것이 외면을 받을 수 있기 때문이다. 또한 일반적으로 인스타그램에 게시물을 올리기 가장 좋은 시간은 저녁 6~8시이고 나도 그 시간대에 집중적으로 20분 이상의 간격을 두고 올린다.

2) 릴스

인스타그램에서 성장하기 위해서는 릴스를 활용하는 것이 매우 중요해졌다. 최근 틱톡과 쇼츠와 같은 짧은 길이의 영상이 유행하면서 인스타그램도 최근 릴스를 더 많이 노출시켜 주는 정책을 펴기 시작했다. 인스타그램에서는 공식적으로 작년에 릴스와 카드뉴스의 균형을 맞추겠다고 발표했지만 많은 강사들은 여전히 릴스가 팔로워를 모으기에는 더 유리하다고 이야기한다.

이 책에서 릴스에 대한 전략을 상세하게 이야기할 생각은 없다. 참고로 나는 카드뉴스를 통해서 2만 정도까지 성장했고 그 이후 릴스까지 활용하면서 팔로워 수를 늘리는 데 가속도가 붙었다. 릴스를 함께 사용하면 인스타그램 성장에 유리한 것이 사실이다. 릴스를 만들기 위해서 사용할 수 있는 사이트들이 있다. 대표적으로 브루(Vrew), 캔바(Canva), 캡컷(Capcut)을 들 수 있으며 그 외에도 수많은 사이트가 존재한다. 최근에는 AI를 활용해 다양한 형태의 릴스를 쉽게 만들 수도 있다.

'내가 영상을 만드는 것이 가능할까?'라고 생각할지도 모른다. 하지만 몇 시간만 투자하면 누구나 쉽게 릴스를 만들 수 있다. 무료 유튜브 영상을 통해서도 많은 정보를 확인할 수 있으니 학습해 보자. 개인적으로 기본적인 형태의 릴스를 만들기 위해 돈을 지불하면서 강의를 들을 필요는 없다고 생각한다.

릴스가 처음이라면 잘 되는 릴스를 분석해 보는 것도 큰 도움이 된다. 팔로워의 반응이 좋은 릴스를 분석하고 그와 비슷하게 만들어 낸다면 당연히 좋은 반응을 얻을 수 있을 것이다. 나도 이런 분석을 통해서 몇 가지 형태로 릴스를 만들었고 지금은 한 가지 형태를 선택해서 꾸준히 올리고 있다.

3) 스토리

인스타그램은 스토리 기능이 있다. 스토리는 24시간 동안만 지속되는 사진을 올리는 것이다. 스토리용으로 새로 올릴 수도 있지만 기존에 내가 올린 카드뉴스나 릴스를 활용하면 그대로 올릴 수도 있다. 기존에 있는 카드뉴스나 릴스를 올리는 데 10~20초밖에 걸리지 않는다.

스토리는 팔로워를 모으는 것보다는 나를 잊지 말아 달라는 홍보에 가깝다. 스토리는 팔로워들의 피드 상단에 강조되어 보이기 때문에 팔로워들이 나를 방문하게 만든다. 이를 통해서 팔로워들에게 나를 한 번 더 노출할 수 있다. 가끔은 스토리를 통해서 새로운 팔로워가 생기기도 하니 24시간을 주기로 스토리를 계속 올릴 필요가 있다. 기존의 카드뉴스나 릴스를 활용해서 올리면 되니 노력 대비 효과가 좋은 편이다.

4장

영향력 있는
인플루언서 되는 법
: 심화 편 :

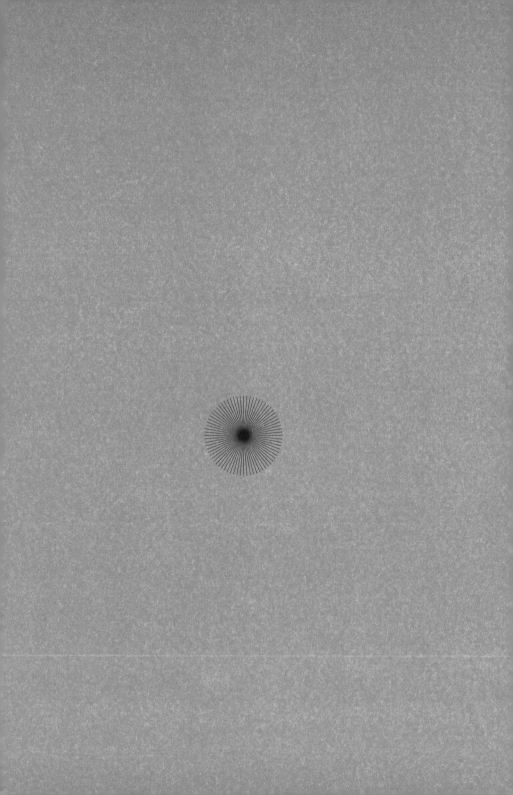

SNS를
모두 연결하라

나는 사용하는 플랫폼의 아이디와 대문 사진, 주제를 통일했다. **당신이 인플루언서가 되길 원한다면 가지고 있는 SNS들의 연결성을 만들어야 한다.** 플랫폼의 아이디와 대문 사진을 통일해야 이웃이 나를 같은 사람으로 인식할 것이다. 나는 이것을 당연하게 생각했다. 그런데 생각보다 많은 사람이 그렇게 하지 않는다. 예를 들어, 블로그와 인스타그램에서 사용하는 아이디가 다른 경우가 많다. 물론 다른 정체성으로 다른 이야기를 할 수도 있다. 하지만 그렇게 되면 블로그와 인스타그램이 시너지를 내야 하는데 서로를 도울 수가 없다.

가장 많이 하는 실수는 플랫폼마다 다른 주제로 이야기하는 것이다. 예를 들어, 블로그에서는 투자를 이야기하고, X에서는 육아를 이야기하고, 인스타그램에서는 요리에 대해 이야기한다고 하자. 물론 그럴 수는 있다. 하지만 이렇게 서로 다른 주제를 이야기하면 해당 주제에 관심이 있는 독자가 다르기 때문에 한 플랫폼에서 다른 플랫폼으로 유입되는 게 힘들어진다.

　나의 플랫폼을 예시로 들어본다. 사진은 블로그, X, 인스타그램, 스레드 순이다. 나는 스레드와 유튜브에도 같은 사진과 이름을 사용한다. 내가 미래에 다른 플랫폼을 추가로 사용한다고 해도 이렇게 통일할 것이다. 자기소개도 같은 소개 양식을 가져가는 것이 좋다. 그래야 어느 플랫폼에서든 당신을 인식시키기 좋을 것이다. 이렇게 생각하자. 블로그, X, 스레드, 인스타그램 등등 많은 플랫폼에서 당신을 중복해서 소개하고 있는 중이라고. **브랜드는 결국 잦은 노출의 결과로 만들어진다.**

출처 네이버 블로그

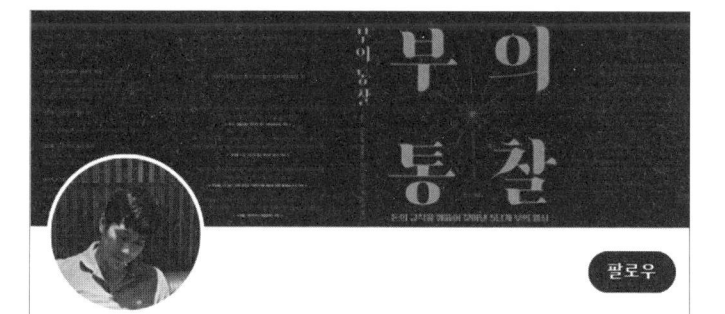

팔로우

부아c ✓
@richdad_c

블로거, 투자자, 작가 ('부의 통찰'의 저자). INFJ. 삶에 희망과 영감을 주는 문구를 이 공간에 적어봅니다. 저의 트윗은 저 자신에게 하는 말입니다. 긴 글은 네이버 블로그에 씁니다. ✈

🏠 소셜 미디어 인플루언서 🔗 m.blog.naver.com/alex267
📅 가입일: 2022년 6월

1,043 팔로우 중   **6만** 팔로워

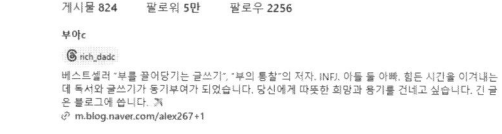

rich_dadc   **팔로잉** ∨   **메시지 보내기**   ···

게시물 **824**   팔로워 **5만**   팔로우 **2256**

부아c

ⓑ rich_dadc

베스트셀러 "부를 끌어당기는 글쓰기", "부의 통찰"의 저자. INFJ. 아들 둘 아빠. 힘든 시간을 이겨내는 데 독서와 글쓰기가 동기부여가 되었습니다. 당신에게 따뜻한 희망과 용기를 건네고 싶습니다. 긴 글은 블로그에 씁니다. ✈

🔗 m.blog.naver.com/alex267+1

부아c
rich_dadc threads.net

베스트셀러 '부의 통찰'의 저자. INFJ. 본업, 부업, 투자, 독서 모두 중요하다고 생각해요. 너의 시간적, 경제적 자유를 응원해. 각자의 정상에서 만나자. 저슷두잇. ✈

팔로워 2.1만명 · m.blog.naver.com/alex267

다른 플랫폼과
시너지를 내는 법

각 플랫폼을 교차해서 시너지를 내는 다양한 방법이 있다. 이 방법에 대해서 이해하기 쉽도록 몇 가지 사례를 들어 설명하고자 한다.

사례 1

블로그를 키우기 위해 가장 접근하기 쉬운 사례로 X를 들 수 있다. X와 블로그는 활자 베이스라는 것에서 공통점이 있다. 다만, X는 짧은 글, 블로그는 긴 글이라는 점에서 사용자층이 조금 다를 수 있다. **그렇기 때문에 X를 통해서 블로그에 이웃을 유입하게 되면 새로운 이웃들을 얻을 수 있는 것이다.**

나는 블로그 이웃 수가 2만이 넘어갈 때 X를 시작했다. 블로그 독자층을 통해 X가 활성화되고 그 이후 X에서 새로운 이웃들이 블로그에 들어오면서 시너지가 나기 시작했다. 어느 순간 X의 팔로워 수가 블로그 이웃 수를 넘어가기도 했다. 지금 X의 팔로워는 6만이다. 그리고 지금도 X를 통해 블로그로 계속 새로운 이웃이 유입되는 선순환 구조가 만들어지고 있다.

사례 2

인플루언서들은 네이버 카페를 통해서 블로그를 키우는 방식을 많이 사용한다. 내가 알고 있는 많은 인플루언서들은 사실 네이버 카페 '부동산 스터디' 출신이다. 거기서 만들어진 많은 인플루언서들이 블로그를 시작하면서 수만 명의 이웃을 거느린 대형 블로거가 되고 있다. 내 블로그 주제와 관련된 카페에 좋은 글을 계속 올린다면 내 블로그를 키우는 것에 도움을 받을 수 있다.

그전에 해당 카페가 링크를 허용하고 있는지 아닌지를 확인하고 가능하다면 글을 올릴 때 블로그 링크를 함께 올린다. 링크를 금지하는 카페에 글을 올린다면 글이 삭제되거나 강퇴당할 수 있으니 반드시 확인해 보자.

사례 3

나는 스레드에서 블로그로 유입되는 이웃이 늘었다. 참 많은 사람이 스레드에서 글을 보고 이웃 신청을 하게 되었다고 이야기한다. 생각해 보면 인스타그램을 주로 사용하는 사람들은 성향상 블로그나 X 를 하지 않는다. **인스타그램에 연동된 스레드를 통해 나를 소개하면 이처럼 새로운 사람들을 만날 수 있는 기회가 열린다.**

스레드에 내 책 소개를 한 적이 있다. 그럴 때마다 전체 순위에 들어 있지 않던 내 책은 순위권에 다시 들었다. 책 판매가 늘어난다는 이야 기다. 블로그와 X를 통해서는 내 책을 소개해왔지만, 더 이상 소개를 해도 새로운 사람에게 닿지 않았었다. 즉 스레드에 있는 많은 사람이 내가 기존에 만나지 못하던 사람들이며, 나는 새로운 팬들을 만들고 있는 것이나 마찬가지인 셈이다.

사례 4

네이버 블로그와 유튜브를 동시에 운영하는 사례도 많지만 이 둘은 실패할 확률이 높다. 대형 블로거가 유튜브를 했는데 크게 터지지 않 는다든지, 대형 유튜버가 블로거로 성장하지 못하는 경우다. 이는 블 로그와 유튜브의 사용자 성향이 크게 다르기 때문에 발생하는 일이다. 블로그 구독자는 활자를 선호하고 유튜브 구독자는 영상을 선호한다. 그렇기 때문에 이 둘의 호환 및 시너지가 잘 발생하지 않는 것이다.

다른 플랫폼과 시너지를 내기 위해서는 플랫폼 간의 독자 유사성이 어느 정도 있는지를 파악해야 한다. 개인적으로 사진 베이스의 인스타 그램은 유튜브와 블로그의 중간 정도에 있는 것 같다. 개인적으로 인 스타그램은 블로그와 크게 시너지가 나지 않았다. 나는 인스타그램에

5만 명 이상의 이웃을 보유하고 있지만 블로그로의 유입은 거의 없다.

사례 5

출판을 플랫폼으로 보자면 출판은 내 블로그를 소개하는 훌륭한 도구다. 블로그 이웃들의 구매로 2달 동안 베스트셀러에 오르면서, 책을 통해 블로그로 유입되는 분들이 많았고, 이는 블로그 성장에 큰 도움이 되었다. 책이라는 공신력 있는 도구를 통해 나의 글이 더 신뢰성을 얻은 것도 추가 수확이다. 당신도 블로그를 책을 쓰기 위한 도구로 삼았으면 좋다. 그러면 정말 내 책을 발행하는 순간이 다가온다.

블로그 하나도 하기 힘든데 어떻게 X도 하고 스레드도 할 수 있냐며 놀라는 분들이 많다. 좋은 방법은 하나의 소스로 만든 것을 다양한 플랫폼에 올리는 것이다. 이는 내가 자주 사용하는 방법으로 매우 효율적이다. 이른바 OSMU는 One Source Multi-Use의 약자이다. 하나의 소스를 그대로 혹은 가공하여 다양한 플랫폼에 올리는 것을 의미한다. 블로그와 스레드, X는 글 중심 플랫폼이라는 것에서 동일하다. 다만, 게재하는 글의 길이가 다르다. X는 매우 짧은 편이고 스레드는 중간 정도이며 블로그는 1,000자 정도의 긴 글이다. 그래서 2가지 방향으로 OSMU를 할 수 있다. **어떤 방향이든 같은 콘텐츠를 가지고 여러 플랫폼 특징에 맞게 조금씩 가공해서 올리는 것이다.**

예를 들어, X에서 짧은 글로 시작하는 것이다. X에 글을 쓴 뒤, 거기에 내용을 더 붙여서 스레드로 확장하고, 그다음 블로그로 확장하는 방법이다. 반대 방향도 있다. 먼저 블로그에서 긴 글을 쓴다. 그리고 핵심을 뽑아내어 스레드로 옮긴다. 그 이후 가장 핵심적인 문장을 X에 적는 것이다. 어떤 방법이든 자신이 편한 방법을 쓰면 된다. 아니면 2가지 방법을 필요에 따라 적절하게 사용하는 것도 좋겠다. 나는 주로 블로그 글을 쓴 뒤에 스레드로 압축하고 X로 압축하지만, X에서 시작해 블로그로 늘려가는 경우도 종종 있다. **중요한 것은 이렇게 하나의 소스로 여러 플랫폼에 올리는 것이 가장 효과적이라는 것이다.**

또 하나의 방법은 다른 플랫폼에서 영감을 얻는 것이다. 내가 자주 사용하는 방법 중 하나다. 항상 내 일상과 생각에서만 아이디어를 얻을 수는 없는 일이다. 그래서 다른 플랫폼의 글과 사진을 내 플랫폼으로 가져오는 것이다. 예를 들어, 내가 자주 가는 블로그가 있는데 그 블로그에서 사진만 가져와서 나의 X에 올린다. 내가 자주 가는 X 계정이 있는데, 그 계정의 글을 나의 스레드로 가져온다. 스레드에서 발견한 좋은 글이 내 블로그의 글감이 되기도 한다. 내가 인스타나 유튜브에서 보는 동기 부여 영상 등은 또다시 내 블로그, X, 스레드에 글을 쓰는 재료가 되기도 한다.

이런 방식으로 크로스 제작을 하는 것이다. 중요한 것은 아무리 다른 플랫폼이라도 가공을 할 필요는 있다는 것이다. 제일 좋은 가공은 나의 생각을 조금이라도 더 추가하는 것이다. 이 과정이 내가 올리는 글과 사진을 조금은 더 특별하게 만들 것이다.

Win-Win
하라

SNS는 승자독식이나 제로섬 게임이 아니다. 나누면서 서로 커지는 구조이고, 이 구조를 잘 이해해서 SNS에 활용할 필요가 있다. **가장 쉽게 생각할 수 있는 것은 내 글에 댓글을 달아준 사람의 계정에 늘어가서 글을 읽고 나 역시 댓글을 달아주는 것이다.** 이런 활동은 선순환을 만들기 때문에 각자의 계정에 도움이 된다. 이것이 온라인 소통이다.

온라인 소통을 정말 잘하는 사람들이 있는데, 이런 사람들이 초기에 빠른 성장을 한다. 나와 소통하는 사람들이 활발하게 내 계정을 방문하는 것이 또 다른 새로운 사람의 방문을 부르기 때문이다. 다만, 이런 방식은 초반기에만 적용이 가능하며 중반기 이후로 가면 어려울 수 있다. 예를 들어, 나는 블로그 글 하나에도 100개가 넘는 댓글이 달린다. 스레드 글 하나에도 100개 가까운 댓글이 달린다. 이런 시기가 되면 낼 수 있는 시간이라는 게 유한하기 때문에 어쩔 수 없이 나의 글에 달리는 댓글에만 신경을 쓸 수밖에 없게 된다.

또 나의 플랫폼이 어느 정도 성장하면 나와 비슷한 규모를 가진 분들과 협력을 할 필요도 있다. 예를 들어, 내가 나와 비슷한 결을 가진 타인의 계정을 소개하고, 타인이 나의 계정을 소개하는 것이다. 이렇게 되면 내 글을 읽어주는 분들이 내가 소개하는 분의 글을 좋아할 가능성이 높고, 그 반대의 경우도 마찬가지다. 혹은 이런 약속을 하지 않고 그냥 소개하는 것도 좋은 방법이다. 나도 서로 약속을 하고 소개를 주고받은 적은 거의 없다. 해도 전혀 문제가 없지만, 왠지 상업적인 느낌이 들었기 때문이다. 반면에 나를 소개해 준 블로거가 나와 비슷하거나 그 이상의 규모를 가졌다면 나도 늘 소개를 해 주었다. 작은 블로거가 나를 소개하는 경우는 너무나 많아서 아쉽지만 챙기는 것이 쉽지 않았다.

반대로, 내가 먼저 누군가를 소개해 주는 일도 많이 했다. 타인의 글을 보다가 글이 좋으면 수정을 하면서 가져오는 것이 아니라 글을 공유하면서 나의 생각을 덧붙였다. 나의 계정을 통해 이웃 추가를 받은 블로거는 80% 이상 다시 나를 소개해 주었다.

이렇듯 온라인 세계에서 나와 비슷한 규모를 가졌거나 그 이상의 분들이 쓴 글을 공유하고 언급하는 것은 좋은 방법이다. 친해지면 인연을 맺고 주기적으로 서로 소개를 해 주게 되기도 한다. 서로 책을 출간할 때 추천사를 써 주거나 계정에 서로의 책을 소개하는 방식 등 협력 관계로 이어질 수 있다. 다시 말하지만, SNS는 승자독식의 세계가 아니다. 나누면 서로가 커질 수 있는 세계다.

하지만 소통에 너무 많은 시간과 에너지를 쓰는 것도 경계해야 한다. 인플루언서가 되기 위해서 가장 중요한 것은 내가 좋은 콘텐츠를 발행하는 것이다. 가끔 좋은 글을 발행하는 것보다 소통하는 것에 더 집중하는 사람들을 보게 된다. 소통이 우선이 되면 친구는 생기지만 인플루언서가 되기는 어려워진다.

집중의 시기가 필요하다

온라인 글쓰기를 하기 위해서는 집중의 시기가 필요하다. 우리는 모두 바쁘다. 본업이 있고 하루 종일 해야 할 일, 챙겨야 할 일들이 쌓여 있다. 이런 일상에서 온라인 글쓰기를 한다는 것은 결코 쉬운 일이 아니다.

온라인 글쓰기와 브랜딩에도 임계점이 있고, 어느 정도의 경험과 실력이 쌓이면 임계점을 통과해서 다음 단계로 가게 된다. 임계점은 보통 집중의 시기에 돌파하게 되는데, 사람마다 다르지만 초기에 온라인 글쓰기에 집중하는 사람이 있고 중간에 다시 집중하는 시기를 가지는 사람도 있다. **시기가 조금씩 다를 수 있지만 이런 식으로 특정 기간 온라인 글쓰기에 몰입해야 한다.**

나는 초반에 네이버 블로그에 글을 매일 1개씩 올렸다. 나 자신과의 약속이었다. 그리고 실제로 1년이 넘는 기간 동안 거의 매일 1개의 글을 올렸다. 그러다 보니 어느 정도 글쓰기 실력이 쌓이고 독자들이 어떤 글을 좋아하는지 알게 되었다. 그때 나는 집중의 시기를 가졌다. '지금이 바로 내가 온라인 글쓰기에 집중해야 하는 시기'라는 강한 예감이 왔다. 그다음 6개월 동안 매일 글을 평균 3개씩 올렸다. 하루 종일 블로그 글쓰기만 생각한 것 같다. 몸은 다른 것을 하고 있어도 '오늘은 어떤 글을 쓸 것인지'를 생각하고 영감이 떠오르면 바로 스마트폰 메모장을 열어서 간단하게라도 저장했다.

그 시기 나의 온라인 글쓰기 실력은 크게 향상되었고, 5,000여 명 정도의 이웃은 2만여 명으로 크게 늘어났다. 6개월 이후에 나는 몰입을 멈추었을까? 블로그 글에 대해서 생각하고 글을 쓰는 시간은 줄었다. 글도 3개가 아니라 2개를 쓰는 날이 더 많았다. **하지만 내가 몰입을 하면서 얻었던 실력과 노하우는 그대로 남아 있었다.** 특히, 온라인 글쓰기가 많이 쉬워졌던 것 같다. 이런 식으로 특정 시간을 두고 몰입의 시간을 가지는 것이 필요하다.

당신이 너무 바쁜 직장인이라 해도 주말에는 집에서 쉴 것이다. 주말 시간을 이용해서 하루 10시간씩 글을 써 보는 것은 어떨까? 가끔 휴가 기간이 생기면 사람을 만나거나 휴식을 취하는 대신 글쓰기에 몰입해 보면 어떨까? 물론 내가 한 것처럼 6개월 동안 몰입하지 않아도, 몇 시간, 며칠 동안 몰입하는 것 역시 당신의 온라인 글쓰기 실력과 브랜딩 능력을 향상시키는 데 큰 도움이 될 것이다.

　미국의 스타 블로거이자 팟캐스트 운영자인 로린 에바츠는 120만 명 이상의 팔로워를 가진 인플루언서다. 게리 바이너척의 『크러싱 잇! SNS로 부자가 된 사람들』에서 그녀의 성공 과정을 인터뷰로 담았는데 나름 열심히 살고 있다고 자부하던 나는 이 글을 보고 너무 부끄러워졌다. 읽기만 해도 벅찬 이 일들을 그녀는 2년 반 동안 지속했다고 한다. 우리가 성공을 너무 쉽게 생각하는 것은 아닐지 생각해보게 되는 대목이다.

"낮 3시부터 3시 30분까지는 블로그에 올릴 사진들을 찍었고, 주 5일 동안 4시부터 12시까지는 바텐더 일을 했어요. 그리고 집에 와서는 새벽 2시까지 블로그에 올릴 글을 쓰고, 아침에 일어나서는 필라테스를 가르치고 학교에 가고 이런 일이 되풀이되는 일상이었죠. 그리고 주말에는 인스타그램, 트위터, 페이스북을 하고 이메일을 작성하면서 그에 따르는 온갖 자잘한 업무를 처리했어요."

SNS는 승자독식이나 제로섬 게임이 아니다.
나누면서 서로 커지는 구조이고,
이 구조를 잘 이해해서 SNS에 활용할 필요가 있다.
가장 쉽게 생각할 수 있는 것은
내 글에 댓글을 달아준 사람의 계정에 들어가서 글을 읽고
나 역시 댓글을 달아주는 것이다.
이런 활동은 선순환을 만들기 때문에 각자의 계정에 도움이 된다.
이것이 온라인 소통이다.

당신의 결심을
주변에 알려라

　나의 주요 습관 중 하나는 사람들에게 공언을 하는 것이다. 나는 공언하는 것을 좋아한다. 혼자서 다짐하는 것도 좋지만 내가 특히 좋아하는 방식은 타인에게, 그것도 최대한 많은 사람에게 공언하는 것이다.

　인간은 본능적으로 자신이 한 약속을 지키려고 한다. 인간은 고대 사회부터 집단생활을 해 왔기에 자신이 한 약속을 어기는 것을 목숨을 잃는 것과 비슷한 강도로 느낀다. 고대 사회는 부족 중심이었는데 내가 거짓말을 해서 신뢰를 잃으면 부족에서 쫓겨날 수 있었다. 부족의 보호를 받지 못하는 개인은 야생에서 매우 연약한 존재로 살아가야 하며 목숨을 잃을 가능성이 높아진다.

나는 이런 본능을 자주 이용하는 편이다. 예를 들어, 작년 말에 나는 500여 명이 있는 단톡방에서 내년 초에 책을 내겠다고 공언을 했다. 그 책이 바로 이 책이고 그렇기 때문에 당신이 2024년 초에 이 책을 읽고 있을 것이다. 이렇게 공언을 해 두면 나에게는 데드라인이 생긴다. 많은 사람에게 약속을 했기 때문에 꼭 지켜야 한다는 의지가 생긴다. **공언하지 않는 것과 비교하면 몇 배의 에너지가 생기게 된다.**

나는 블로그를 운영하면서도 자주 공언을 했다. 가장 많이 한 공언은 전자책을 배포한다는 것이었다. 전자책은 이웃들에게 더 많은 가치를 주고 동시에 나를 더 알리기 위한 방법이었다. 하지만 전자책을 쓰는 것은 귀찮은 일이다. 나는 전자책을 준비해 두지도 않고 특정 날짜를 공언했다. 그렇게 날짜를 공표해 두고 전자책을 쓰기 시작하면 시간은 지나가고 마음이 급해지기 시작한다. 지금 당장 행동으로 옮기게 되고 약속을 지키기 위해 최선을 다하게 되는 것이다.

인플루언서 블로거가 되고 싶은가? 이를 위해 매일 1일 1포스팅을 할 것인가? X나 스레드 같은 다른 플랫폼을 시작하고 매일 글을 올릴 생각인가? 가장 먼저 주변의 사람에게 나의 각오를 알리는 것이 좋다. 나아가 많은 사람에게 나의 결심을 알리는 것도 도움이 된다. 혹은 블로그나 X, 스레드를 시작하고 매일 글을 올릴 것이라고 사람들에게 알리는 것도 좋다. 공언을 하면 압박을 느낄 수밖에 없다. 지키지 못할 약속을 하게 되면 내가 너무 힘들어지니까. 하지만 진정으로 당신이 이루고 싶은 목표가 생겼다면 공언을 통해서 에너지를 집중시킬 수 있다. 공언을 통해서 목표를 이루는 것은 당신의 미래에 큰 도움이 될 것이다.

하지만 주의할 점이 있다. 직장에는 공언하지 말자. 직장은 당신이 돈을 버는 곳이다. 당신이 온라인 활동을 하거나 이를 통해 수익을 내는 것을 좋아할 리가 없다. 설령, 이를 허락한다고 해도 직장 동료들은 당신이 제대로 일을 하지 않는다고 생각할 것이다. 굳이 나의 사생활을 직장에 모두 알릴 필요는 없다.

내가 가진 또 다른 습관은 아침 7시 30분에 네이버 블로그, X, 스레드, 인스타그램에 글을 올리는 것이다. 꼭 이 순서대로 글을 올린다. 매일 아침 8시 이전에 4종의 플랫폼에 업로드를 끝낸다. 이런 생활을 한 지 100일이 넘었다. 앞으로도 계속 이 루틴을 유지할 것이다. 나중에는 5종이나 6종이 될지도 모르는 일이다.

나는 블로그 글을 미리 써 둔다. 아침에는 발행만 하는 것이다. 내가 발행하는 시간은 아침 7시 30분으로 정해져 있다. 그 뒤 X에 글을 올리면 7시 35분이 된다. 스레드에 글을 올리면 7시 40분 정도가 되며, 인스타에 글을 올리면 7시 45분이 된다. 이렇게 매일 아침 15분 동안 작은 승리를 경험한다.

나는 가장 중요하고 소중한 것을 아침 일찍 해야 한다고 생각한다. 아침 일찍이 어렵다면 오전에는 해야 한다고 생각한다. 그러면 아무리 급한 일이 생겨도 웬만하면 그날 다 할 수 있기 때문이다. 내가 8시 전에 4종을 완성하면, 그 이후에 또다시 글을 올리게 될 가능성이 높아진다. 그렇게 하루에 여러 번 4종을 하게 되기도 한다. 아침에 우연히 들은 노래를 하루 종일 흥얼거리지 않는가? 아침의 기억은 하루를 지배한다. 아침에 온라인 글쓰기를 하면 하루 종일 영감이 생기거나 추가로 글을 쓰게 될 가능성이 높아진다.

　나는 당신도 아침에 포스팅을 하길 바란다. 나처럼 몇 개씩 하지 못한다면 블로그 글 하나도 괜찮다. 다른 사람의 아침이나 출근 시간을 당신의 글로 사로잡아보자. 나도 이미 그렇게 하고 있으니 당신도 얼마든지 할 수 있다. **아침을 승리로 시작하는 사람은 하루를 승리하는 것이나 마찬가지다.**

6

명심해야 할
마인드셋

앞에서 다루지는 않았지만 꼭 기억해야 할 마인드셋이 있다. 내가 블로그 및 기타 SNS를 하면서 꼭 필요하다고 생각했던 마인드셋이다. 이런 마인드셋을 갖춘다면 당신의 온라인 활동에 도움이 될 것이다.

1) 일단 그냥 시작할 것

어떤 일을 할 때는 그냥 시작하라. 우리는 자주 시작하지 않을 이유에 대해서 생각한다. '나중에 할까', '공부를 한 다음에 할까', '더 완벽하게 준비해서 시작하고 싶은데' 등등의 생각을 한다. 옛 속담에 '시작이 반이다'라고 했다. 나는 그 말이 정확하다고 생각한다. 지금 시작하지 못하면 언제까지 미루게 될지 모른다. **시작하기에 완벽한 순간이란 결코 오지 않는다.**

시작의 좋은 점 중의 하나는 일단 하게 됨으로써 나를 발전시킬 수 있다는 것이다. 일단 하자. 하다 보면 점점 좋아지고, 더 잘할 수 있는 방법을 알아서 찾게 된다. 가장 좋은 연습은 실전을 경험하는 것이다.

온라인 글쓰기도 마찬가지다. 글쓰기 강의를 듣거나 글쓰기 책을 읽을 필요가 없다. 그것은 일단 시작하고도 할 수 있는 활동이다. 글을 쓰기 시작하면 내가 부족한 부분을 알게 되고 다른 사람들의 피드백을 통해 발전할 수 있는 방법을 찾게 된다. 그것만큼 도움이 되는 것은 없다. 우선 온라인 글쓰기를 작게라도 시작하고 실전에서 나를 발전시키는 방법을 추천한다.

2) 안 된다는 말에 신경 쓰지 말 것

우리가 무언가를 시작할 때 "내가 해봤는데 안 돼", "지금 시작하면 너무 늦어", "너는 못할 거야" 등등 주변에서 부정적인 말이 많이 들릴 것이다. 그들은 그들의 경험 안에서 이야기한다. 포기하거나 실패한 사람들은 다른 사람도 못할 거라고 단정한다. 그들이 경험한 것은 실패뿐이라서 그럴 수도 있고, 당신이 정말 성공하는 걸 원하지 않을 때문일 수도 있다. 당신의 성공은 그들의 포기와 실패를 하이라이트 시킬 수 있기 때문이다.

남들의 안 된다는 말에 귀 기울이지 말자. 일단 해 보자. 내가 어디까지 할 수 있는지 해 보지 않으면 모르는 법 아닌가? 반대로 나는 온라인 글쓰기를 통해서 성공한 사람을 많이 알고 있다. 그들은 글쓰기를 전공한 사람들이 아니다. 나는 4년제 경영대학을 나왔고 직장에서 세일즈와 마케팅을 했다. 하지만 글쓰기를 좋아하고 꾸준히 쓰다 보니 온라인 인플루언서가 될 수 있었다. 당신도 할 수 있다. 못할 거라는 다른 사람의 말에 신경 쓰지 말길 바란다.

3) 악플을 대하는 자세

인플루언서 블로그를 만드는 과정에서 또 수많은 사람에게 글이 노출되는 과정에서 악플이 생기는 것은 어쩔 수 없다. 당신이 유명해지면 유명해질수록 안티도 많이 생길 것이다. 어떻게 대응해야 할까? 악플에 대응하는 몇 가지 방법이 있다.

첫 번째는 악플에 대항해서 하고 싶은 말이 있겠지만 무대응하는 것이다. 버나드 쇼가 이런 말을 했다.

"돼지와 씨름하지 말라는 것이 내가 오래전에 깨달은 교훈이다. 돼지와 씨름하면 나도 더러워진다. 게다가 돼지가 그걸 좋아한다."

온라인 세상에는 무조건적으로 남을 비난하려는 사람들이 널려 있다. 그 사람들은 돼지와 같은 부류다. 그들은 남들을 끌어내리는 것을 좋아하고 당신의 감정적인 반응을 기다리고 있다. 내가 대응을 하면서 그들을 즐겁게 해 줄 필요는 없다.

두 번째, 모든 사람이 같은 상황에 있는 것은 아니라는 점을 명심하는 것이다. 소설『위대한 개츠비』의 첫 문장은 이렇게 시작한다.

> 내가 지금보다 나이도 어리고 마음도 여리던 시절 아버지가 충고를 하나 해 주셨다. 그 충고를 나는 아직도 마음속으로 되새기곤 한다.
> "누구를 비판하고 싶어질 때는 말이다. 세상 사람들이 다 너처럼 좋은 조건을 타고난 건 아니라는 점을 명심하도록 해라."

내 글에 댓글을 단 사람이 어떤 상황에 있는지 나는 알 수가 없다. 어떤 사람은 인생의 밑바닥에 있어 다른 사람도 자신처럼 바닥으로 내려오기를 기다리고 있을 수도 있다. 그런 사람에게 필요한 것은 나의 분노가 아니라 연민일지도 모른다.

세 번째는 내가 자주 쓰는 방법인데 악플이 등장하면 '그냥 내가 더 잘되어야겠다.'라고 생각하는 것이다. 사람은 자신과 비슷한 수준에 있거나 비슷한 수준에서 올라가려고 하는 사람을 끌어내리려는 본능이 있다. 여기에 대한 대응법은 내가 훨씬 더 잘되는 것이다. 그저 내가 더 높은 곳으로 올라가면 된다. 그러면 당신을 끌어내리려는 사람은 다시 자신과 비슷한 위치에 있는 사람을 찾아서 이동할 것이다. 당신은 그저 당신의 수준만 높이면 된다.

네 번째는 좋아하는 사람에게 집중하는 것이다. 아마 당신의 글에 악플을 다는 사람보다 선플을 다는 사람이 훨씬 많을 것이다. 선플이 100개 이상이 달렸는데 악플 하나 때문에 속앓이하는 것만큼 바보 같은 일은 없다. 당신을 좋아하고 응원해 주는 사람들에게 집중하라. 사람은 좋은 일 10개보다 안 좋은 일 하나에 더 집중하는 경향이 있는데, 그저 나를 좋아하는 사람들의 댓글을 보고 거기에 용기를 얻어서 나아가면 될 일이다.

다섯 번째는 나의 정체성을 만드는 것이다. 나는 책을 출간하기 전에도 스스로를 작가라고 생각했다. 블로그에 글을 쓰는 것 자체가 작가인 것이다. 나에게 작가라는 정체성을 부여하는 순간 나는 작가가 되는 것이다. 스스로 인플루언서가 될 사람이라는 정체성을 부여하라. 혹은 스스로를 '매일 글 쓰는 사람'으로 정체성을 부여해도 좋다. 앞서 소개한 공언하기를 활용해 나의 정체성을 만들고 그것을 다른 사람들에게 알린다면 효과는 2배가 된다.

지금 당신이 있는 자리가 당신의 자리가 아니다. 당신이 바라보는 자리가 당신의 진짜 자리가 될 수 있다. 당신이 바라보는 자리에 미리 가 있는 당신을 상상하고 당신에게 정체성을 부여해 보자.

여섯 번째는 함께 가는 사람들을 만드는 것이다. 나는 지금 500명이 넘는 사람들과 함께 매일 단톡방에서 이야기하고 글감을 공유한다. 미래에 책을 쓰는 등의 꿈에 대해서도 공유한다. 각자가 서로의 꿈을 공유하면서 서로에게 동기 부여를 하고 있다.

하루는 누군가의 블로그 글에 달린 악플이 주제가 되었다. 그분은 상처를 받았지만 수백 명이 자신의 경험을 공유하고 그런 악플은 아무것도 아니며 충분히 이겨 낼 수 있다는 이야기를 했다. 어떤 분은 오히려 악플이 부럽다고까지 했다. 블로그 규모가 커짐에 따라 악플도 비례해서 생긴다는 것이다. 이렇게 우리는 서로에게 에너지를 얻고 있다.

하루는 누군가가 글쓰기 좋은 플랫폼을 공유했다. 어떤 분은 맞춤법 오류를 잘 찾을 수 있는 프로그램을 소개했다. 어떤 분은 좋은 글귀를 공유하고 어떤 분은 좋은 시를 공유했다. 어떤 분은 퍼스널 컬러를 만드는 것에 대한 중요성을 이야기하고 어떤 분은 좋은 롤모델을 소개했다. 방향이 같은 사람들이 모이면 서로에게 유용한 정보를 공유할 수 있다.

혼자 가면 빠를지 모르나 멀리 갈 수 없다. 함께 가면 느릴 수 있으나 멀리 갈 수 있다. 서로가 서로에게 큰 도움이 된다. 좋은 그룹을 만들거나 좋은 그룹에 속하는 것은 좋은 방법이다. 좋은 그룹을 찾아보자. 찾기 힘들다면 스스로 만들어 보자. 좋은 그룹에서 같은 목표를 가진 사람들과 영감, 동기 부여를 주고받는 것이 필요하다. 그러면 인플루언서 블로거가 되는 길이 한결 더 쉬워질 것이다.

일곱 번째는 항상 겸손하려고 노력해야 한다는 것이다. 가끔 인플루언서 블로그에 들어가 보면 초반과 비교해 어조가 바뀌어 있는 것을 느낄 수 있다. 초창기에는 겸손하게 시작했지만 이웃 수가 많아지자 자신도 모르게 거만해지는 것이다. 그것은 말투나 표현 방법에서 쉽게 느낄 수 있다.

내 블로그를 방문하는 사람들은 '부아c는 다른 유명 블로거처럼 무엇을 하라고 강요하지도 않고 늘 따뜻하게 조언해 주어서 자주 오게 됩니다'라는 말을 자주 한다. 반대로 이야기하면 규모가 커진 블로거들이 마치 자기 생각이 무조건 맞는 것처럼 표현하고 그 생각을 강요하는 경우가 많다는 것이다. 아무리 규모가 커져도 그런 표현 방법은 거부감을 만든다. 나는 오히려 인플루언서 블로거일수록 더 겸손해져야 한다고 생각한다. 과거에 비해서 훨씬 많은 사람이 내 글을 읽고 있다. 내가 더 많은 사람에게 영향력을 미치고 있다는 것이다. 그래서 하루하루 책임감을 느낀다.

초심이 변하는 사람을 좋아할 사람은 없다. 내가 조금 커졌다고 거만해지기 시작하면 원래 있던 이웃도 떠나 버린다. 모든 것은 내가 한 만큼 돌아오게 되어 있다. 항상 겸손한 자세를 가지자.

여덟 번째는 늘 남에게서 배우려고 노력해야 한다는 것이다. 특히, 블로그나 각종 SNS를 할 때는 나의 롤모델을 설정해 놓는 것이 좋다. 내가 가고자 하는 길을 먼저 간 사람들이 항상 있다. 그들이 어떻게 그들의 플랫폼을 운영했는지 연구하고 필요한 것을 참고하자.

롤모델뿐만이 아니다. 나와 같이 시작하는 사람들, 나보다 조금 먼저 시작한 사람들을 보면서도 배울 수 있다. 세상에 혼자만 할 수 있는 일이란 없다. 그들의 SNS에서 그들의 콘텐츠와 표현 방식을 배우고 동시에 소통도 하면 좋다. 롤모델과 이웃들의 존재는 당신이 온라인에서 성장하는 데 큰 도움이 될 것이다.

전자책을 써라

요즘은 누구나 전자책을 쉽게 만들 수 있다. 생각보다 전자책 한 권 만드는 것은 쉬운 일이다. 간단히 10페이지 정도로 한 권의 전자책을 만들 수도 있다. 물론, 정성을 들여서 50페이지 이상의 전자책을 만든다면 더 좋다. 나도 50페이지 이상의 전자책을 여러 권 출간했고, 150페이지가 넘는 전자책을 만들어서 무료 배포하거나 판매한 적이 있다.

전자책은 당신에게 권위를 부여한다. 온라인 세상에서 작가라는 것은 하나의 왕관이 된다. 당신의 블로그나 SNS에 전자책 이미지와 이름을 적어두는 것만으로도 독자의 신뢰도를 높일 수 있다는 말이다. 또한, 전자책은 당신을 홍보하는 핵심 수단이 되기도 한다. 나는 블로그에서 여러 번 전자책 무료 배포 이벤트를 진행했다. 내가 이벤트 게시

글을 쓰고 해당 글을 스크랩하면 추후 전자책을 무료로 주겠다는 내용이었다. 가장 잘된 이벤트는 4,000명의 이웃이 참가했다. 즉, 4,000명의 이웃이 내 글을 스크랩했다는 뜻이기도 하다. 그 스크랩 글을 보고 나에게 새로운 이웃이 유입되었다. 이 단일 이벤트로 나에게는 1,700명의 새로운 이웃이 생겼다. 엄청난 결과였다.

당신이 인플루언서가 되고 싶다면 나를 알리기 위한 수단으로 전자책을 만들어 보길 바란다. 전자책을 쓰는 방법에 대해서는 검색만 해도 정보가 많이 나오니 참고해 보면 좋다. 내 블로그에도 내가 작성한 별도의 자료가 있으니 전자책을 쓰고 싶다면 내 블로그를 방문해 보는 것도 추천한다. 전자책 쓰기에 대해 『부의 통찰』에 있는 내용을 업데이트해 설명해 보겠다.

전자책의 가장 큰 장점은 비용이 들지 않는다는 것이다. 내가 나열할 모든 장점 중에서 압도적으로 큰 장점이 바로 이것이다. 당신이 전자책을 쓰면서 손해 볼 것이 전혀 없다는 사실이 제일 중요하다. 당신의 시간이 들 수는 있지만, 이 또한 당신이 발전하는 시간이므로 전혀 손해가 없다고 봐도 무방하다.

두 번째 장점은 바로 수익이 생긴다는 것이다. 전자책을 홍보의 수단으로 사용할 수도 있지만 판매의 수단으로도 사용할 수 있다. 모든 상품과 서비스는 판매 비용이라는 게 발생한다. 예를 들어, 내가 5천 원짜리 제품을 중국에서 소싱해서 3천 원의 부대 비용(배송료, 포장비)을 사용하고, 플랫폼과 국가에 1천 원의 수수료와 세금을 지불한다고 하

자. 그렇다고 하면 나에게 남는 돈은 고작 1천 원 정도이다. 1만 원짜리 제품을 팔았는데 고작 1천 원이 남는 꼴이다. 유형의 제품을 판매하면 이렇게 큰 비용이 발생한다.

하지만 전자책은 다르다. 내가 1만 원짜리 책을 팔았다면, 플랫폼 수수료와 세금을 제외한 9천 원의 마진이 남는다. 같은 1만 원짜리를 판매했는데 제품을 판매한 것에 비해서 9배나 많은 돈을 벌어들인 것이다. 지식을 파는 것은 제품을 파는 것보다 월등히 높은 수익을 올릴 수 있다.

세 번째 장점은 아이디어에 제한이 없다는 것이다. 어떤 아이디어라도 전자책으로 만들 수 있다. 세상에는 수많은 지식과 가능성이 있다. 여러 정보와 지식을 조합하고 당신의 경험을 넣어 판매하면 된다. 당장 크몽에 접속해서 팔리는 전자책들을 훑어보라. 어떤 주제도 전자책으로 만들 수 있다는 것을 알게 될 것이다.

네 번째 장점은 언제든지 수정이 가능하다는 것이다. 예를 들어 종이책은 출간 후에 업데이트하는 것이 어렵다. 판매가 된 것은 더 이상 업데이트를 할 수 없고, 판매할 것도 업데이트하려면 시간과 노력과 비용이 든다. 그러나 전자책은 언제나 가볍게 수정할 수 있다는 장점이 있다. 완벽하지 않아도 된다.

다섯 번째는 경쟁자가 적다는 것이다. 전자책을 쓰는 사람이 많을까, 읽는 사람이 많을까? 아직은 전자책을 읽는 사람이 압도적으로 많다. 전자책을 한 번이라도 제대로 써 보았거나 지금도 꾸준히 쓰고 있는 사람의 수는 한정적이다. 당신이 전자책을 쓴다는 것 자체가 리더의 길로 가는 것이다.

여섯 번째는 가격 탄력성이 크다는 것이다. 남과 동일한 전자책이란 존재할 수 없기 때문에 비교적 공급자가 원하는 가격을 설정할 수 있다. 종이책의 경우에는 책을 한번 출판하면 가격을 수정하기 힘든데 반해 전자책은 판매자가 가격을 언제든지 원하는 대로 바꿀 수 있다. 꽤 높은 가격으로 설정했다가 이벤트로 전자책 가격을 할인해준다고 하면 더 많은 참여자가 생기기도 한다.

일곱 번째는 지속적인 활용이 가능하다는 점이다. 전자책을 써 두면 두고두고 활용이 가능하다. 전자책은 언제나 업데이트할 수 있기 때문에 ver2, ver3로 계속 이벤트에 활용할 수 있다. 높은 수준의 내용으로 업데이트가 되고 좋은 후기가 쌓이면 실제로 좋은 가격에 판매할 수도 있다.

여덟 번째는 확장이 용이하다는 것이다. 내 주변에도 전자책을 한 권만 성공시킨 사람은 없다. 한 권을 성공하면 여러 권을 쓰게 된다. 이미 익숙해진 노하우를 가지고 지속적인 창작이 가능하며 종이책이나 강의 등으로 확장도 가능하다.

아홉 번째는 자연스럽게 자기계발이 된다는 점이다. 전자책도 엄연히 책이다. 하나의 책을 쓴다는 것은 결코 쉬운 일이 아니다. 스스로 공부하고 경험을 녹여 내야 한 권의 전자책이 나온다. 창작의 과정을 통해서 얻는 지식과 노하우도 수익과 별개로 자신에게 큰 가치가 있다.

당신의 의지력이 약하다면 당신이 결심한 것을 주변에 알려라.
나는 공언하는 것을 좋아한다.
혼자서 다짐하는 것도 좋지만 내가 특히 좋아하는 방식은
타인에게, 그것도 최대한 많은 사람에게 공언하는 것이다.
인간은 본능적으로 자신이 한 약속을 지키려고 한다.
공언을 하면 데드라인이 생기고
약속을 했으니 꼭 지켜야 한다는 의지가 생긴다.
공언하지 않는 것에 비해 몇 배의 에너지가 생기게 된다.

마지막으로 시간과 공간의 제약이 없다는 것이다. 전자책 파일의 특성상 각종 스마트기기(스마트폰, 태블릿PC, 데스크톱 등)에 넣어 두고, 언제 어디서든 수정이나 열람이 가능하다. 만약 전자책의 주제가 실용서나 기술에 대한 부분을 담고 있다면 현장에서 바로 펼쳐보고 실천에 옮기면서 참고할 수 있는 장점도 있다. 이는 생산자의 입장에서도, 소비자의 입장에서도 용이하다.

온라인 수익화는 어떻게 이뤄지는가

내가 아는 유명한 인플루언서가 몇 명 있다. 그들의 예시를 들어서 온라인 수익화가 어떻게 이루어지는지 간단히 소개하고자 한다. 다만, 익명성을 위해 디테일한 부분을 각색했다. 하지만 내가 전달하고자 하는 내용을 이해하는 것에는 부족함이 없을 것이다.

A는 내가 블로그를 시작할 때 이미 3만 블로거였다. 지금은 6만 명이 넘는 이웃을 보유하고 있다. 이분은 텔레그램을 통해서 투자에 관련된 각종 정보를 유료로 제공한다. 전반적인 경제와 투자에 대한 정보를 제공하면서 자신의 인사이트를 나누고 있다. 이분의 텔레그램은 분기에 몇만 원의 구독료를 받는데, 현재 500명이 넘는 사람이 구독을 하고 있다. 더 중요한 것은 이분의 구독자 수는 계속 늘어나고 있다는

것이다. 기존에 구독한 사람이 이탈하는 것보다 새로운 구독자 수가 늘어나는 속도가 더 빠르기 때문에 이분의 수익은 계속해서 늘어나고 있다.

B는 블로그를 시작할 때 알게 된 분이다. 이분은 블로그를 키우다가 자연스럽게 활동 플랫폼을 유튜브로 넘어갔다. 지금은 블로그를 거의 하지 않고 유튜브에만 집중하고 있다. 아마 블로그 구독자들 덕분에 초기 유튜브를 키우는 데 유리했을 것이다. 지금은 수십 만의 유튜브 구독자를 보유하고 있으며, 유튜브 광고 수익, 멤버십 등을 통해 높은 수익을 거두고 있다.

C는 X에서 알게 된 분인데, X에 3만 정도의 팔로워가 있는 상태에서 동기 부여에 대한 유튜브를 시작했다. 유튜브에 수십만의 구독자를 가지고 있고, 가끔 강연도 하신다. 자신의 이름으로 책도 출판하셨다. 결국 X에 있는 이웃들이 유튜브 성장에 큰 역할을 한 것이다. 지금은 여러 분야에서 수익을 만드실 것으로 생각된다.

D는 다른 플랫폼에서 글을 10년 이상 쓰다가 블로그로 넘어오신 분인데, 원래의 팬심과 특유의 인사이트로 블로그 구독자가 5만 명에 육박한다. 이분도 투자 정보를 나누면서 텔레그램을 열었는데 며칠 만에 수만 명이 텔레그램으로 모였고, 그 이후에는 유료 프로그램을 이어가고 있다. 이분도 당연히 큰 수익을 얻을 것으로 보인다.

각종 무료, 유료 서비스를 구독하는 구독자들을 만난 적이 있는데, 대부분 만족도가 아주 높았다. 이렇게 인플루언서와 팔로워들 사이에

끈끈한 유대 관계가 만들어진다. 더 중요한 것은 이런 과정을 통해서 그들의 영향력은 점점 더 커진다는 것이다. 그들의 모든 활동이 홍보가 되고 영향력이 되기 때문이다. 생각해보자. 이들은 어떻게 이렇게 많은 구독자를 모을 수 있었을까? 어떻게 그들이 자신의 영역을 넓히면서 수익화까지 쉽게 만들어 낼 수 있었을까? **그것은 그들이 한두 분야에서 자신의 영역을 구축했고, 자신을 인플루언서로 만들어 다른 분야로 확장했기 때문이다.**

물론, 수익만으로 인플루언서 블로그임을 가늠할 수는 없다. 실력이 없으면서 남을 속여 수익만 얻는 사람도 있기 때문이다. 하지만 그런 사람들은 어차피 롱런할 수 없다. 주변에는 탄탄한 실력을 바탕으로 아주 좋은 프로그램이나 강의를 진행하는 분들이 더 많다. 이 글을 읽는 당신도 그런 사람이 될 수 있다. 내가 사례로 든 인플루언서들도 모두 처음에는 그저 평범한 사람들이었다. 돈은 가치를 제공하면 벌리는 것이다. 내가 충분히 많은 사람에게 충분한 가치를 제공하면 충분한 돈을 벌 수 있게 되는 이 구조를 당신이 잘 이해하길 바란다.

마지막으로 브랜딩에 대해서 짚고 넘어가고 싶다. 브랜드란 무엇일까? 많은 사람에게 특정한 이미지로 알려져 굳이 사람들의 설명이 필요 없는 것이 브랜드다. 우리가 나이키 신발을 산다고 할 때 많은 설명을 할 필요가 없다. 우리가 스타벅스에서 만나자고 할 때 다른 설명이 필요 없다. 모두 다 그것이 혹은 그곳이 무엇이고 어디인지 잘 알고 있고, 이를 소비하는 것이 서로에게 유용하다는 것도 잘 알고 있다.

좋은 브랜드란 질문을 받지 않는 것이라고 생각할 수 있다. 내가 무언가를 산다고 할 때 "그것보다 이것이 낫지 않아? 다른 것도 고민해봐" 등의 조언이 나오지 않는다면 이미 강한 브랜드가 형성되어 있는 것이다. 그런 의미에서 온라인 글쓰기를 통해 브랜딩을 하고 인플루언서가 되기 위해서 무엇을 해야 할지 생각해 보자. 글을 전달하는 것에 대해 다음의 3가지로 분류해 보았다.

일기 → 나의 일상 글을 쓴다.
마케팅 → 사람들에게 필요한 나의 글을 쓴다.
브랜딩 → 사람들에게 필요한 나의 글을 꾸준히 쓴다.

내 이야기를 그냥 써 내려가는 것은 일기일 뿐이다. 아무도 관심이 없다. 마케팅이란 사람들에게 필요한 글을 쓰는 것이다. 그렇다면 나의 생각을 일시적으로 알릴 수 있다. 브랜딩이란 그런 활동을 반복하는 것이다. 자주 반복된 마케팅은 독자에게 당신이라는 사람을 각인시킨다. **여기서 중요한 것은 '나의 글'과 '꾸준함'이다.** '나의 글'이란 고유성을 말한다. '꾸준히' 쓰는 것은 반복되는 메시지를 던지는 것이다. 브랜딩이란 결국 자신의 고유성을 대중에게 반복해 각인시키는 것이다. 한두 번의 글은 큰 의미가 없지만 장기적이고 지속적으로 전달되는 글은 가치를 가지게 된다.

처음으로 돌아간다면 다르게 할 것 10가지

만약 4년 전 처음 블로그를 할 때로 돌아간다면 그때와 다르게 하고 싶은 것들이 있다. 내가 여러 플랫폼에서 빠르게 성장했고 잘 자리 잡았다고 생각하지만 그만큼 시행착오도 많이 겪었다. 다음의 10가지 조언이 당신이 인플루언서가 되는 길에 도움이 되었으면 좋겠다.

1) 내 글에 더 자신감을 가질걸

이웃이 5만이 넘고, 공감이 1,000개 이상 달리고, 댓글이 100개 이상 달리는 지금의 나도 글을 발행할 때 불안하다. 내 글에 반응이 좋으면 좋을수록 더 불안하다. '이렇게 반응이 좋으면 다음에는 얼마나 더 좋은 글을 써야 하는 걸까?'라는 생각이 들어서다. 이런 부담감이 나를 더 발전하게 만들기도 하지만 가끔은 주눅 들게 하기도 한다. 생각해 보면 글을 쓰는 초반에도 그랬던 것 같다. '이 정도 수준으로 글을 써서 올려도 될까?'라는 조심성이 항상 있었다. 가끔은 이런 나의 생각이 강박을 만들어 내기도 했다. 나에게는 아직도 올리지 못한 저장 글이 800개 넘게 있다.

지금은 조금 다른 생각을 하고 있다. 내 글을 매일 읽어주는 많은 분들이 있다. 가끔 내가 짧은 글을 쓰고 조금 부족한 내용으로 글을 써도 평균 정도의 반응을 보여주는 고마운 분들이다. **블로그는 신문 기사도 정식 출간물도 아니다. 나의 생각을 자유롭게 풀어내는 공간이다.** '더 잘 써야지, 다음에는 더 좋은 글을 써야지'라는 생각도 좋지만, 이런 생각이 나를 지배하게 되면 글 한 편, 한 편을 올리기가 힘들어진다. 내가 만약 처음으로 돌아간다면 더 가벼운 마음으로 글을 더 많이 올렸을 것 같다. 늘 좋은 글만 쓸 수는 없다. 조금 부족한 글도 결국은 나의 글이고 다작을 통해서 나의 실력은 높아진다. 글쓰기에 겁먹을 필요는 전혀 없다. 나의 모든 글이 가치가 있다.

2) 비슷한 이웃들과 함께 성장할걸

나는 블로그를 시작하면서 사람을 끌어당기는 것에 초점을 두었다. 이웃 0명으로 시작하면 내 글을 읽어줄 사람이 없다. 그래서 더 좋은 글을 써서 그 글이 퍼지도록 만들어야겠다고 생각했다. 처음에는 내가 가는 단톡방이나 카페 등에 블로그 글을 올려 사람들이 내 블로그로 유입될 수 있도록 했다. 그 이후에는 좋은 글을 써서 그들이 다른 단톡방이나 카페에 공유할 수 있도록 노력했다. 이런 나의 노력은 어떻게 보면 매우 정석적인 방법이다. 하지만 블로그 글을 쓰다 보니 더 좋은 방법도 있다는 것을 알게 되었다.

가장 일반적인 것은 서로이웃을 활용하는 것이다. 어느 순간 내 글이 공유가 안 된다고 생각했을 때, 내가 이웃들에게 먼저 다가가기 시작했다. 나와 비슷한 내용의 글을 쓰는 사람이나 공감과 댓글을 해준 사람들에게 서로이웃 추가를 신청했다. 이웃 수 수백 명 대에서 수천 명으로 넘어가는 데 있어 서로이웃 추가는 큰 도움이 되었다.

최근에 내게 블로그 성장을 물어보시는 분들에게 나는 비슷한 규모의 비슷한 주제를 쓰는 이웃과 친하게 지내라고 조언한다. 방법은 간단하다. 이분들의 블로그에 가서 글을 읽고 공감을 누르고 댓글을 달아주면 된다. 10~20명 정도를 정해 놓고 먼저 다가가면 그들도 나에게 와서 공감과 댓글을 달아준다. 초기에는 내가 좋은 글을 쓰는 것이 가장 중요하지만, 블로그 이웃들과 교류하는 것도 무시하지 못할 정도로 중요하다. 내가 그렇게 했다면 더 빠른 성장이 가능했을 것 같다.

3) 상처 주는 글을 쓰지 말걸

블로그 글을 매일 몇 편씩 쓰게 되면 누군가에게 상처를 주게 되기도 한다. 내가 4년 동안 글을 쓰면서 누군가에게 상처를 준 것들이 생생하게 떠오른다. 상처를 준다는 것은 누군가가 상처를 입고 실망감을 댓글로 표현한 것을 의미한다. 물론, 굳이 댓글을 쓰지 않고 상처를 입은 이웃들이 더 많았을 것이다. 예를 들어, 부동산 관련 글을 쓰면서 나는 앞으로 서울이 유망하다는 취지의 글을 썼다. 그리고 지방 일부 지역의 이름과 동을 거론하며 이런 지역은 앞으로 부동산 가격이 떨어진다는 이야기를 했다. 사실과는 상관없이 그 지역에 사시는 분은 상처를 입고 실망감을 댓글로 표현한 후 나와 이웃 관계를 끊었다. 생각해 보면, 그 지역의 이름을 굳이 거론할 필요가 없었다. 부동산 가격이 떨어지는 지역의 공통적인 특징 정도만 언급하면 되었지 굳이 정확한 지명을 말할 필요는 없었던 것이다. 당시 내 이웃 수가 1만이 넘었으니 영향력이 그리 적은 편도 아니었다.

드라마 〈이상한 변호사 우영우〉를 주제로 글을 쓴 적도 있다. 자기계발 관련 글이었다. 그 글에도 장애인 가족을 두신 분이 나의 오랜 이웃이었지만 글을 보기 힘들다며 이웃을 끊기도 했다. 이웃이 끊긴

것보다 본의 아니게 그분에게 상처를 주게 되어 마음이 더 아팠다. 흔한 드라마인데 소재로 삼아도 문제가 없지 않냐고 생각할 수도 있다. 하지만 나는 굳이 누군가에게 상처를 주는 글을 쓸 필요가 없다는 결론을 내리게 되었다. 수천 명이 읽는데 아무에게도 상처를 주지 않겠다는 것은 불가능한 일일지도 모른다. **하지만 최소한 글을 쓰는 사람은 좋은 글, 긍정적인 글, 힘이 되는 글, 상처 주지 않는 글을 쓰겠다는 의지를 품고 있어야 한다고 생각한다.**

4) 비난 글을 쓰지 말걸

글을 쓰다 보면 누군가를 향한 비난 글을 쓰게 된다. 나는 실명을 거론한 적은 없지만 누구나 알 수 있는 설명을 통해 누군가를 거론하고 비난 글을 쓴 적이 있다. 때에 따라 누군가를 비난한다는 것이 필요할지도 모른다. 그것도 우리 사회에 필요한 기능일지도 모른다. 하지만 누군가를 비난하면, 그 사람을 옹호하는 사람들이 나타나 댓글에서 논쟁이 벌어질 수 있다. 실제로 내가 쓴 비난 글 한두 개에서는 평소와 다른 어조의 댓글들이 달리고 논쟁이 일어나기도 했다.

비난은 또 다른 비난을 부른다. 지금 와서 생각해 보면, 누군가를 비난하고 싶을 때 그 반대편에 있는 사람을 칭찬할걸 그랬다는 생각이 든다. **부정을 부정하기보다 긍정을 긍정하는 것이 더 좋은 방법이다.**

긍정을 긍정하면 더 좋은 긍정의 댓글들이 달린다. 어떻게 보면 내가 애초에 의도했던 것과 같이 특정 생각을 옹호하는 글은 쓰면서 긍정을 유도하는 것이다. 나는 지금도 비난 글을 쓰지 않으려고 노력한다. 블로거가 어떤 글을 쓰든 자유지만 어떤 사람을 끌어오고 어떤 댓글을 달리게 만드냐의 주체가 되기도 한다. 내 블로그를 긍정적으로 키우기 위한 노력은 긍정의 언어에서 시작된다.

5) 모든 사람에게 잘해 주지 말걸

세상에는 다양한 사람이 있다. 우리가 온라인에서 만나는 다양한 사람들도 각자 다른 상황에서 다른 생각을 하며 살고 있다. 그중에서는 우울증이나 무기력에 시달리고 있는 사람도 있을 것이다. 블로그를 운영하다 보면 모든 사람에게 잘해 주어야겠다는 생각을 하게 된다. 웬만하면 친절한 댓글을 달고 필요하면 친절한 조언을 해 주게 된다. 그러다 보면, 과도하게 나에게 의지하는 사람도 생긴다.

내 글에 매번 댓글을 달아주시는 분이 있어서 나도 친절히 댓글을 단 적이 있다. 그런데 어느 순간 정도가 심하다는 생각이 들었다. 하나의 글에 많으면 수십 개의 댓글을 달기도 하고, 자신의 신세 한탄이나 누군가에 대한 비난 글이 점점 많아졌다. 어느 순간 이건 아니라는 생각으로 댓글에 답을 하지 않으니, 그분은 내가 변했다며 비난하기 시작했다. 지금 와서 생각해 보면, 이상하다는 생각이 들었던 초기에 일일이 답변을 달지 않는 것이 나았을 것 같다. 그러면 그분도 내게 더 의지하거나 자신의 다른 모습을 보여주지 않았을 것이다. 온라인에서 만나는 사람들과는 적당한 거리가 필요하다.

6) 블로그 글을 더 꾸준히 쓸걸

4년의 시간 동안 약 6개월 정도는 블로그를 하지 않은 적이 있다. 개인적인 사정이 있었지만 그럼에도 불구하고 그 6개월도 꾸준히 했다면 나는 더 성장했을지도 모른다. 6개월의 시간 동안 블로그를 방치하다 보니 다시 글을 쓰는 것도 참 힘들었다. 내가 블로그를 하지 못한 것은 외부 환경 때문이었다. 하지만 외부 환경을 통제하는 것도 내가 해야 할 역할이었다. 다시 그때로 돌아간다면 6개월의 시간 동안 간헐적으로라도 글을 썼을 것이다. 그 6개월의 기간 동안 내가 블로그를 그만둔 줄 알고 떠났던 수백 명의 이웃을 생각하면 마음이 아프다. 내가 가끔이라도 글을 썼다면 그분들이 떠나지 않았을지도 모른다.

블로그에 글을 쓰는 것은 이웃과의 약속이다. 장기간 글을 쓰지 않으면 사람들은 나를 이웃에서 삭제하게 될 것이다. 매일 쓰는 것이 가장 좋지만 아무리 못 해도 일주일에 1번 정도는 쓰면서 나의 존재감을 알리는 것이 좋다. 가장 좋은 것은 매일 쓸 수 있는 환경을 스스로 세팅하는 것이다. 나는 지금도 매일 블로그에 글을 꾸준히 쓰겠다고 다짐한다. 얼마나 꾸준히 쓸 수 있을지는 모르겠지만 네이버 블로그가 존재하는 한 매일 글을 쓰는 것이 나의 목표다.

끼 처음부터 주제를 잘 정할걸

　지금의 블로그를 시작하기 전에도 블로그에 여러 번 도전했었다. 한 번은 직장에 관련된 특수 분야로 글을 썼는데 글을 읽어주는 분이 거의 없었다. 지금 와서 생각해 보면 너무 특수한 분야라서 블로그가 성장하기 어려웠던 게 당연하다. 어쩌면 블로그를 키우겠다는 생각을 하지 않았는지도 모르겠다. 그 뒤에는 육아에 관련된 글을 쓴 적이 있다. 하지만 그 글도 많이 읽히지 않았다. 평범한 글이었고 개인의 일기 같은 글이었다. 그런 글이 많이 읽히는 것도 어려운 일이다. 그러다가 또 금세 포기하고 말았다. 블로그를 계속하게 되는 가장 큰 동기는 남이 읽어주는 것이다. 사람들이 방문하고 읽어주고 댓글을 달아주면 더 좋은 글을 더 자주 쓰게 될 수밖에 없다. **내가 좋아하는 주제, 내가 잘 아는 주제를 선정하는 것도 좋지만 많은 사람이 관심을 가지는 주제를 정하는 것이 가장 중요하다.** 애초에 그런 주제를 잘 선정했다면 나는 더 예전부터 블로그 글을 잘 쓸 수 있었을지도 모른다.

8) 악플에 상처받지 말걸

나는 기본적으로 악플이 달리면 '아, 스스로에게 저렇게 말하는구나'라고 생각한다. 대부분의 악플은 자신의 자아를 드러내기 때문이다. 그래서 가볍게 '그런 상황에서 살고 있나 보다, 그런 사람인가 보다' 하고 악플에 상처를 받는 일이 거의 없다. 하지만 초반에는 나도 악플에 상처를 받았다. 가뜩이나 댓글도 많이 달리지 않는데 악플이 달리면 신경이 많이 쓰였다. 하루 종일 그 악플이 머릿속에 남아 있기도 했다. 가장 심각한 것은 그런 악플에 글을 쓰고 싶어 하는 의지마저 꺾이는 것이다. 그렇게 되면 내가 그 사람의 의도대로 하게 되는 것이니 악플에는 대응할 필요가 없다는 걸 알게 되었다. 악플러를 차단하고 댓글을 삭제하면 된다. 내가 좋은 글을 쓰고 있다면 어차피 악플도 많지 않을 것이다. 그러니 가끔 달리는 악플에 신경 쓰지 말길 바란다. 당신은 그것보다 훨씬 훌륭한 사람이기 때문이다. 악플에 신경 쓸 시간에 선플에 감사하는 마음을 키워가자.

9) 인스타그램도 시작할걸

나는 인스타그램에 대한 '서로 자랑하고 그런 사람들만 있는 곳'이라는 선입견이 강했다. 그래서 블로그 글을 통해 인스타그램은 하지 않겠다고 쓰면서 이를 자랑으로 생각한 적도 있다. 그런데 어느 날 인스타그램의 MAU(Monthly Active User)가 2,000만 명 가까이 된다는 것을 알게 되었다. 그리고 요즘 대학 신입생들은 전화번호보다 인스타그램 계정 주소를 나눈다는 이야기를 들었다. 그렇게 많은 사람이 인스타그램을 사용하는데 내가 인스타그램을 거부한다는 것은 영향력을 쌓기 싫다는 말과 다름이 없었다.

그 이후 나는 인스타그램에도 글을 쓰기 시작했고 지금 이웃은 5만 명이 넘는다. 그냥 내가 좋은 글을 쓰면 좋은 글을 좋아하는 사람들이 모였다. 인스타그램에 자신의 외모나 껍데기를 자랑하길 좋아하는 사람들도 있지만 **결국 사람을 끌어당기는 것의 주체는 나 자신이다.** 블로그 글을 쓰고 거의 4년이 지나 인스타그램을 시작했는데 4년 전에 블로그와 함께 시작했다면 지금보다 더 많은 팔로워가 모였을 것이고 더 많은 사람이 블로그에도 유입되었을 것이다. 나는 이를 계기로 선입견을 버리고 유튜브 쇼츠나 틱톡 등도 간간이 도전하고 있다.

10) 다른 SNS도 함께 해 볼걸

초기에 블로그를 2년 6개월 정도 하면서 다른 SNS를 하지 않았다. 인스타그램에 대한 반감이 있었고 다른 SNS는 관심도 없었다. '블로그 글만 잘 쓰면 충분하지 않을까'라는 생각할 때였다. 블로그 글을 쓰면서 X나 스레드, 인스타그램을 활용하는 것이 내 블로그를 성장시키기 위한 좋은 전략이라는 것을 그때는 알지 못했다.

나는 블로그가 가장 어렵다고 생각한다. 평균 1,000자의 글을 써서 올려야 하기 때문이다. X나 스레드는 절반 이하의 글로 짧게 올릴 수 있다. X의 경우에는 단 한 줄을 써도 괜찮다. 나는 X와 스레드를 하면서 짧은 문장에 의미를 담는 연습을 하게 되었고, 이는 블로그 글을 쓰는 데도 도움이 되었다.

여러 플랫폼을 동시에 활용하는 것은 긍정적인 시너지 효과를 낸다. 당신이 지금 처음 SNS를 접하거나 이제 제대로 자신의 영향력을 키우고 싶다면 블로그뿐만 아니라 다른 플랫폼도 함께 활용하기 바란다. 이 책에서 여러 번 강조했듯이 여러 플랫폼을 통해 다양한 시너지를 만들 수 있다.

가장 중요한 것은 일단 쓰기 시작하는 것이다.
나는 많은 사람이 온라인 글쓰기의 재미와
가능성을 알게 되었으면 좋겠다.
누구나 할 수 있다.
평범한 회사원이었던 나도 4년 전에 글쓰기를 시작하면서
소위 인플루언서 블로거가 되었고,
X, 인스타그램, 스레드에도 매우 알려진 사람이 되었다.
당신도 할 수 있다.

5장

글을 나누어
부를 창출하라

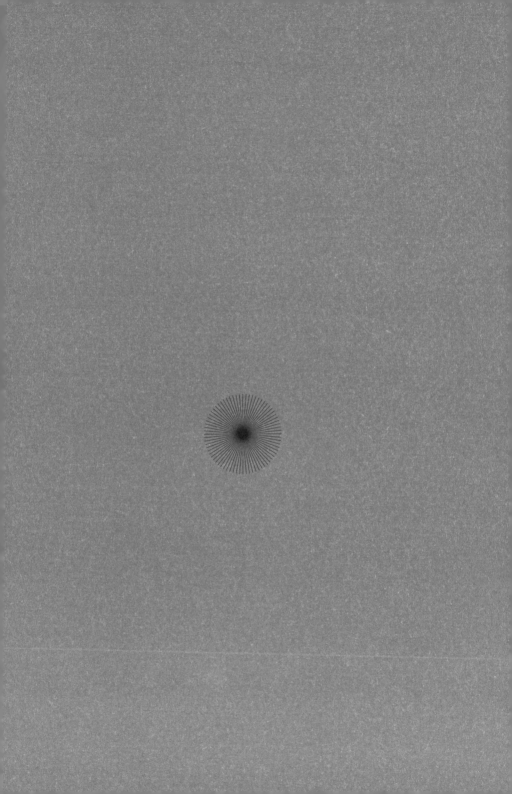

본질이 가장 중요하다

이 모든 것에도 불구하고 결국에는 본질이 가장 중요하다. **나는 온라인 글쓰기에 있어 본질이 80%, 기술이 20%라고 생각한다.** 세상의 모든 것에는 본질이 있다. 본질을 가장 중요하게 생각하고 본질을 중심으로 행동해야 한다. 우리는 무언가를 쉽게 얻기 위해서 본질을 무시하고 껍데기를 먼저 챙기는 경우가 많다. 하지만 그렇게 해서는 공허한 성장만이 남을 뿐이다.

예를 들어, 남녀 관계도 진심이 본질이다. 물론 누군가와 사귀기 위해서는 연애의 기술도 필요하다. 밀당이라든지, 스킨십이라든지 여러 가지 연애의 기술이 있을 것이다. 기술만으로 연애를 시작할 수도 있을 것이다. 하지만 진심이 없으면 그 사랑은 오래 가지 못한다. 기술로

만 연애에 접근한다면 상대방이 당신에게 진심이 없다는 것을 결국 알게 될 것이다.

　나는 받는 것보다 주는 것이 본질이라고 생각한다. 인간관계를 예로 들어보자. 좋은 인간관계를 유지하기 위해서는 주고받아야 한다. 내가 받기만 하면 좋은 관계를 유지할 수 없다. 상대방에게 더 많이 주려고 노력하는 사람은 더 좋은 인간관계를 만들 수 있다. 주고받는 것이 인간관계의 기본이다.

　나는 돈보다 사랑이 우선이라고 생각한다. 사랑이 먼저 전달되면 돈도 따라온다고 생각한다. 돈을 우선시하면 사랑이 없고, 사랑이 없으면 신뢰도 존경도 없다. 신뢰와 존경이 없으면 사람이 떠나가고 사람이 없으면 돈을 벌 수도 없다. 반대로 내가 사랑을 전달할 수 있으면 신뢰와 존경을 받고, 사람이 모이며 돈도 벌 수 있다. 사랑이 돈에 우선하는 것이다. 주변을 보면 SNS로 돈을 버는 사람들이 많다. 하지만 돈을 우선 목표로 하지 말아야 한다. 사랑과 존경을 받는 것을 목표로 해야 돈이 따라온다. 이렇듯 모든 것에는 본질이 있다. 내가 본질을 따르면 모든 것이 따라온다. 반대로 내가 본질을 무시하면 모든 것을 잃을 수 있다. 본질을 따라가는 길이 가끔은 조금 느려 보이지만 사실은 제일 빠른 길이다.

　온라인 글쓰기에서 본질이란 무엇일까? 그것은 너무도 당연히 좋은 글을 쓰는 것이다. **좋은 글을 쓰지 않는다면 어떤 기술을 써도 당신은 좋은 영향력을 가질 수 없다.** 내가 여기에 적어 둔 방법은 좋은 글을 쓰는 사람이 더 빠르게 자신을 알릴 수 있는 방법이라고 해도 과언이 아니다. 가장 기본은 좋은 글을 쓰는 것이다.

좋은 글이란 무엇일까? **좋은 글이란 우선 나를 감동시키는 것이다.** 내가 감동 받지 않는데 남을 감동시킬 수 있을까? 스스로도 내가 더 궁금해져야 한다. 내가 궁금하지 않은데 남이 나를 궁금해할 리가 없다. 내가 설득이 되지 않는데 남을 설득시킬 수 없는 것처럼 말이다. 좋은 글을 쓰기 위한 가장 좋은 방법은 결국 글을 계속 쓰는 것이다. 글은 쓰면서 늘게 되어 있다. '글쓰기 수업을 듣고 나서 글을 써야지, 조금 더 글을 잘 쓰게 되면 시작해야지' 등의 생각은 버려야 한다.

지금 당장 글을 써라. 1,000자가 어렵다면 100자라도 블로그에 글을 쓰길 바란다. 블로그가 부담스럽다면 X나 스레드에 단 한 줄이라도 써라. 혹시 모르지 않는가? 그 한 줄이 두 줄이 되고 세 줄이 되어, 나중에는 훌륭한 글을 쓰고 당신도 유명한 작가나 인플루언서가 될 수 있을지 말이다.

나누면 돌아오게
되어 있다

이 책을 통해 '부를 끌어당기는 글쓰기'에 대해 이야기하고 있다. 지금까지 온라인 글쓰기를 어디서 어떻게 해야 하는지, 수익화는 어떻게 이루는지 이야기했다면 이제부터 어떻게 부가 만들어지는지에 대해 이야기해 보고자 한다.

나는 나눌수록 커지는 것이 부의 속성이라고 생각한다. 그동안 글을 쓰면서 그리고 내 주변의 많은 사람이 글을 통해 부를 만드는 것을 보면서 더욱 확신을 갖게 된 생각이다. 나눈다는 것은 다시 받는다는 속성이 있다. 그것이 우주의 원리다. 이런 상호성이 우리가 살아가는 세상의 근간이다.

우리는 각자의 생각을 담은 글을 나눈다. 당신이 블로그, X, 스레드 등에 올리는 글은 당신의 생각을 담고 있고 독자는 당신의 생각이 그들의 삶에 도움이 되기 때문에 글을 읽는 것이다. 그렇게 생각하면 누군가가 읽어주는 모든 글 그 자체로 가치가 있다는 것을 알 수 있다. 유명 작가의 책은 10만 부, 20만 부 이상이 팔린다. 그들은 인세로만 몇억의 돈을 번다. 그들은 한 번의 강의를 통해서 직장인 1년 치 연봉을 벌기도 한다. 어떻게 그럴 수 있을까? 그들의 말과 글이 그만큼의 가치가 있는 것이다. 그들의 말과 글이 누군가에게는 지혜가 되고 누군가에게는 용기와 위로가 되는 것이다. 그들의 말과 글이 충분히 많은 사람에게 알려지고 있기 때문이다.

당신이 처음 쓰는 글에는 그 정도의 가치가 담기진 않을 것이다. 하지만 기억하라. 아무리 유명한 작가나 유명한 강연자라도 처음이 있었다. 그들도 말을 못 하고 글을 못 쓰는 시기가 있었고, 아무에게도 알려지지 않았던 시기가 있었다는 것이다. 그들의 말과 글이 플랫폼이나 책을 통해 알려지면서 그들의 가치가 높아지고, 그들의 말과 글의 가치도 덩달아 높아진 것이다. 누구나 그렇게 될 수 있다고 생각한다. 당신이 해야 할 일은 당신의 말과 글을 적극적으로 나누는 것이다. 처음에는 조금 허술해 보여도 방법을 알고, 꾸준히 하면 영향력이 커질 수밖에 없다. **쓰다 보면 누군가에게 닿을 것이고, 계속 쓰다 보면 더 많은 사람에게 닿을 것이다.** 당신이 가져야 하는 마인드는 충분히 그럴 수 있을 때까지 나의 생각을 말과 글의 형태로 나누는 것이다.

나눈다는 것은 기본적으로 받을 생각을 하지 않는다는 것을 전제로 해야 한다. 그 누구도 계산된 나눔을 좋아하지 않는다. 때문에 10을 주고 10을 받겠다는 생각 자체를 하지 말아야 한다. 본전 생각을 하면 애초에 나누기가 힘들다. 내가 10을 주어도 아무것도 돌아오지 않을 수 있다. 어떨 때는 1, 2가 돌아오기도 하고, 10을 넘어 20이 돌아오기도 할 것이다. 그렇게 점점 나누다 보면 나눌수록 돌아오는 것이 커진다. 한정되어 있는 돈이라는 자산으로 나누라는 이야기가 아니다. 자신의 말과 글을 나누는 것이다. 무한한 나의 사랑과 관심, 배려 등을 나누라는 것이다. 이는 누구나 가지고 있는 것이다.

나도 내가 매일 쓰는 글이 나의 생각을 사람들과 나누는 것이라고 생각한다. 그리고 나의 글에 달리는 수백 개의 공감과 댓글은 내 나눔을 사람들이 다시 나눔으로 돌려주는 것이라고 생각한다. 인간은 빚지는 것을 싫어한다. 받기만 하는 것에 미안함을 느끼고 돌려주고 싶어 한다. 내가 쓰는 온라인 글쓰기는 공짜가 아닌 것이다. 누군가가 나의 글을 읽으면 그들은 무의식적으로 빚을 지었다고 생각하고 갚을 방법을 고민하게 된다. 하나의 글이 관계를 만들고 향후 내가 도움이 필요할 때 도움을 받을 수 있게 되는 것이다. **남을 위한 글쓰기가 결국 나에게 호의로 돌아온다.**

나눔의 핵심은
사랑이다

열악한 환경에 있는 사람을 위해서 금전적인 지원을 하는 기부도 세상에 꼭 필요한 일이지만, 나눈다는 것이 꼭 금전적인 지원을 말하는 것은 아니다. 온라인 세상에서도 많은 것을 나눌 수 있다.

첫 번째로 나의 글을 통해서 생각을 나누는 것이다. 인플루언서 글에 꼭 들어가야 할 것 중에 하나가 상대방을 위하는 마음이다. 예를 들어, 나의 일상을 적는 글이 있고, 그 형식이 일기에 가깝다고 하자. 그 글은 그저 나에게만 의미가 있는 글일 수 있다. 하지만 나의 일상 글에서도 하나의 교훈을 끌어낼 수 있다. 그리고 그 교훈이 나와 비슷한 처지에 있는 사람에게 도움이 될 수 있다는 메시지를 담을 수 있다. 이런 내용을 담을 수 있다면 이 글은 남을 위한 글이 되는 것이다.

애초에 글을 쓸 때 타인을 위한 마음을 가지는 것이 좋다. 내가 블로그 글을 쓰면서 생긴 철칙 중에 하나는 타인에게 고통을 주는 글을 쓰지 않는 것이다. 내가 기피하는 주제는 정치, 젠더, 지역, 종교 등에 대한 주제다. 물론, 그런 글이 필요할지도 모르지만 내가 꼭 그런 글을 쓸 필요는 없다. 그런 주제들은 대한민국 국민의 절반만 만족시키는 글이어서 다른 절반의 반대와 상처를 부를 수 있다. 그렇기에 나는 되도록 많은 사람에게 보편적 공감을 줄 수 있는 글을 쓴다. 당신이 어떤 주제로 글을 쓰든 당신의 글을 읽는 사람에게 도움이 되는 글을 써야 한다.

두 번째는 내 글에 달린 댓글을 통해서 생각을 나누는 것이다. 온라인 글쓰기를 하다 보면 댓글이 달리게 된다. 나의 생각에 누군가의 생각이 들어오는 것이다. 공감일 수도 있고 반대일 수도 있고 질문일 수도 있다. 이 모든 댓글에 답을 해 주려는 자세가 필요하다. 그것도 하나의 나눔이기 때문이다. 특히, 질문에 대해서는 답변을 해 주는 것이 중요하다. 질문은 누군가가 당신에게 지혜를 얻고자 하는 것이고, 이때가 당신의 생각을 나누기 가장 좋은 순간이다. 글쓰기를 하고 영향력이 쌓인다면 많은 질문이 붙을 것이다. 그 질문들에 답을 하다 보면 결국 당신은 수많은 나눔을 실천하는 사람이 될 것이다.

세 번째로 타인의 글에 공감과 댓글을 다는 것이다. 다른 사람의 글쓰기를 존중해 주는 것도 나눔이다. 타인의 글에 모두 공감과 댓글을 달 수는 없지만, 최소한 내가 읽은 글에 대해서는 공감과 댓글을 다는 자세가 필요하다. 그것 하나하나가 모두 나눔이 된다. 특히 이런 나눔은 상대방의 공감과 댓글로 돌아오는 경우가 많다. 다시 말하지만 나누면 돌아오게 되어 있다. 나는 글을 통해서 나눠야 하는 것이 결국 사랑이라고 생각한다. 물론, 그런 마음을 가지지 않고도 인플루언서가 될 수 있다. 하지만 사람의 마음에 깊은 감동을 줄 수 있는 것은 사랑이다.

하와이에서 했던 하버드 대학의 실험이 있다. 한동네에서 자란 사람들을 대상으로 수십 년이 지난 후 인생을 행복하고, 성공적으로 살았던 사람들의 공통점을 역추적해 보았다. 그들에게 유의미한 차이를 보인 것은 바로 그 사람을 진심으로 사랑해 주었던 사람이 단 한 명이라도 있느냐 하는 것이었다. 환경이 좋아도, 그 사람을 무조건적으로 사랑해 준 사람이 한 명도 없었다면 망가진 인생을 사는 경우가 많았다. 반면 찢어지게 가난하고, 부모를 잃은 상황에서도, 할머니나 할아버지의 부조건적인 사랑으로 성공한 인생을 사는 경우도 있었다.

이렇듯 우리는 인생을 살면서, 나의 존재 의미를 알아주는 한 사람, 내가 무슨 상황에 있어도 나를 지지해 줄 한 사람, 인간은 누구나 그런 사람이 필요하다. 스파이더맨이 영웅이 될 수 있었던 이유는 할머니의 사랑이 있었기 때문이다. 야생에 버려진 정글북의 모글리가 행복한 아이가 될 수 있었던 것은 그에게 늑대 가족이 있었기 때문이다. 우리에게는 우리를 사랑해 줄 누군가가 꼭 필요하다.

글쓰기의 가장 궁극적인 목적은 사랑을 나누는 것이다. 반대로 말하면 글쓰기에 다른 좋은 가치를 모두 담는다고 해도 사랑이 없으면 의미가 없다는 것이다. 인사이트, 글의 형식, 문법 등 다른 것이 조금 부족해도 꼭 채워야 하는 것이 바로 사랑이다. 인간에게 가장 필요한 것은 사랑이기 때문이다.

하지만 내가 말하는 사랑을 너무 무겁게 받아들이지 않았으면 좋겠다. 사랑도 수많은 종류가 있다. 여기서 말하는 사랑은 상대방을 진심으로 위하고 배려하는 마음이다. 상대방이 절망에 빠져 있으면 용기를 주고, 슬픔에 빠져 있으면 위로를 주고, 지혜가 필요할 때 나의 경험을 나눌 수 있는 마음이다. 남을 응원하는 마음을 담은 나의 글, 누군가의 힘들다는 댓글에 위안을 주는 나의 답변, 이런 것 하나하나가 사랑이다.

인플루언서는 결국 사랑을 주고받는 사람이 되는 것이고, 사랑을 주고받는 것에 익숙한 사람이다. 사랑을 주는 사람만이 사람을 얻을 수 있고, 신뢰와 존경을 얻을 수 있다. 신뢰와 존경을 얻으면 부도 함께 따라온다. **온라인 글쓰기는 결국 나의 사랑을 담은 생각을 글로 풀어내어 사랑과 신뢰와 존경과 부를 만드는 활동이다.** 이를 통해서 더 나은 세상을 만드는 과정이다.

진정한 부란
무엇일까?

살다 보면 남에 대한 배려 없이 말과 행동을 함부로 하는 사람들을 보게 된다. 나는 남에 대한 공감과 배려가 없는 사람은 정신적으로도 물실석으로도 점점 가난해질 것이라고 생각한다. 반대로 남에 대한 공감과 배려를 할 수 있는 사람은 정신적으로나 물질적으로 점점 부유해질 것이라고 생각한다. 남에 대한 배려는 자기 자신에 대한 배려로 돌아오게 된다. 나의 공감과 배려는 나에 대한 공감과 배려를 불러오고 이는 끝없이 선순환된다. 진정한 의미의 부자는 살아가며 타인의 공감과 배려, 응원과 사랑을 끌어당기는 사람이다.

찰스 디킨스의 소설 『크리스마스 캐럴』에 나오는 스크루지 영감이 있다. 그는 자신이 가진 것을 절대 나누지 않는 사람이었다. 인생에서 돈만을 중요하게 생각하는 구두쇠에다 평소에도 주변 사람에게 나쁜 말을 쏟아내어 그를 좋아하는 사람은 아무도 없었다. 다행히 그에게 3명의 유령이 찾아와 그의 과거와 현재, 미래를 보여주면서 그는 바뀌게 된다. 만약에 그가 바뀌지 않았다면 결국 그는 많은 사람의 무관심과 미움 속에서 쓸쓸하게 죽어갔을 것이다. 그가 아무리 많은 돈을 가지고 있다고 해도 어떤 의미가 있을까? 그는 과연 부자로 산 것일까? 부자로 죽은 것일까?

여기에 한 가문이 있다. 조선시대 최고 부자였던 경주 최부잣집은 1600년대 초반부터 1900년대 초반까지 300년에 걸쳐서 만석꾼의 부를 유지했다. 최부잣집은 어떻게 300년이라는 긴 시간 동안 부를 유지할 수 있었을까? 최부잣집은 가문에서 내려오는 철칙을 지키고 살았다. '주변 100리 안에 굶어 죽는 사람이 없게 하라'는 것이다. 최부잣집은 1년에 3,000석 정도의 쌀을 소비했는데 1,000석은 식구들 양식으로, 1,000석은 손님들 대접으로, 1,000석은 경주 중심 100리 안에 굶어 죽는 사람이 없도록 하는 데 사용했다고 한다.

최부잣집은 1년 소작료 수입으로 만 석을 넘기지 않았다. 그 이상은 내 것이 아니라고 생각하고 만 석 이상의 재산은 소작료 할인 방식으로 사회에 돌려주었다. 소작료가 저렴하기에 경주 일대의 소작농들은 최부잣집 농사를 짓기 위해서 앞다투어 줄을 섰다고 한다. 최부잣집에 대한 사람들의 인심은 널리 퍼졌고, 민란이나 폭동 등의 사회적 혼란기에도 폭도들은 최부잣집의 털끝 하나 건드리지 않았다고 한다.

나는 나눌수록 커지는 것이 부의 속성이라고 생각한다.
그동안 글을 쓰고 내 주변의 많은 사람이
글을 통해 부를 만드는 것을 보면서
더욱 확신을 갖게 된 생각이다.
나눈다는 것은 다시 받는다는 속성이 있다.
그것이 우주의 원리다.
이런 상호성이 우리가 살아가는 세상의 근간이다.

오히려 최부잣집을 돕기 위해 나서는 사람이 한둘이 아니었다고 한다. 또한, 전국에서 오는 손님들이 세상의 정보를 전해 주어서 최부잣집을 이룹게 하는 데 많은 도움을 주었다고 한다.

최부잣집은 돈에 대한 욕심을 줄이고 주변을 돌보았다. 이를 통해 돈을 넘어서 사람을 얻었다. 그렇다면 최부잣집은 진정한 부자인가? 그렇다. **돈을 넘어 사람을 가진 사람이 진짜 부자인 것이다.** 그런 사람에게 더 많은 부가 모이는 것이 우리가 살아가는 세상의 이치이기도 하다.

어쩌면 우리는 사랑을 주고 사랑을 받기 위해서 태어났을지도 모른다. 우리가 잘살기 위해서 해야 할 일은 바로 사랑을 주고받는 것이다. 인생을 가장 가치 있게 사는 사람은 사랑을 먼저 줄 수 있는 사람이다. 우리가 글을 쓰는 것은 바로 사랑을 전달하는 것이고, 사랑을 전달하면 사람(응원)을 모으게 되고 사람(응원)이 모이는 것은 결국 부를 끌어당기는 것이다.

온라인 글쓰기에 대한
Q&A

다음 20가지의 질문은 블로그 및 기타 SNS를 처음 시작하는 분들이 흔히 자주 묻는 것들이다. 특히 온라인 글쓰기를 하는 분들의 궁금증이 이 질문과 답변을 통해 어느 정도 해결되었으면 좋겠다.

Q 저는 1개의 글을 작성하는 데 걸리는 시간이 너무 깁니다. 1시간이 넘게 걸려요. 이렇게 하는 것이 맞는지 궁금합니다.

A 저는 질보다는 양이 우선되어야 한다는 입장이고, 글을 쓸 때 가능하면 시간을 정해 두고 쓰는 것이 좋다고 생각합니다. 대부분은 부업으로 온라인 글쓰기를 시작하시니 하루 대부분의 시간을 현업에 종사하거나 집안일, 가족과 보내는 데 쓰게 됩니다. 블로그 글쓰기를 위해서는 독서도 해야 하기에 자신만의 시간을 정해 두는 것이 좋습니다. 저는 블로그 글쓰기를 할 때 20분을 넘기지 않으려고 노력합니다. 다만, 소재는 미리 마련해 둡니다. 평소에 일

상생활이나 독서를 하다가 떠오르는 영감을 블로그에 미리 몇 줄로 적어 둡니다. 그리고 글쓰기를 시작하고 발행하기까지 20분을 넘기지 않습니다.

이렇게 시간을 정하는 이유는 마음을 먹었을 때 글을 더 쓰기 위해서이기도 하고, 또 다른 SNS를 통해서 나의 브랜드를 강화하기 위해서이기도 합니다. 인간의 집중력은 대단해서 이렇게 시간을 정해 두고 글을 쓰면 실제로 그 시간 안에 글 쓰는 것이 가능해집니다. 반대로 시간 제한이 없으면 한없이 늘어지는 것이 인간입니다. **자신만의 시간을 정해 두십시오. 20분도 좋고, 30분도 좋습니다.** 그리고 익숙해지면 조금씩 시간을 줄여보는 연습을 하는 것도 좋습니다. 그렇게 자신이 정해 둔 시간에 맞게 온라인 글쓰기를 하시기를 추천합니다.

Q 저에게는 1일 1포스팅이 버겁습니다. 그럼에도 불구하고 1일 1포스팅을 목표로 잡아야 할까요? 2일 1포스팅까지도 괜찮을까요?

A 그 누구도 블로그 글쓰기를 강제하지 않습니다. 자신만의 약속일 뿐입니다. 그런데 그 약속이 매우 중요합니다. 제가 블로그 글쓰기를 통해 인플루언서가 되기 위해서 가장 중요한 것 중에 하나가 꾸준함이라고 말씀드렸습니다. 그런데 자신만의 기준이 없다면 꾸준하게 글을 쓰는 것은 불가능합니다.

저도 블로그를 시작할 때 1일 1포스팅을 신조로 삼았습니다. '눈이 오나 비가 오나 나에게 무슨 일이 생기더라도 나는 1일 1포스팅을 하겠다는 다짐을 했습니다. 그래서 미리 몇 개의 포스팅을 준비하기도 했습니다. 미리 써 둔 것이죠. 제가 정말 글을 쓰기 싫은 날이 생기거나 글을 쓸 수 없는 상황이 되어도 발행할 수 있도록 저장 글을 만들어 두었습니다.

이런 각오로 글쓰기를 하니 글이 줄기는커녕 오히려 늘어났습니다. 매일 1개를 쓰는 것이 아니라 평균 2~3개를 쓰기 시작했습니다. 규칙적인 글쓰기에 익숙해지고 나니 더 많이 쓰고 싶어지더군요. 2일 1포스팅도 나쁘지 않습니다. 성장이 조금 느릴 뿐이죠. 1일 1포스팅도 좋습니다. 1일 다 포스팅을 목표로 하는 것도 좋습니다. **자신이 할 수 있는 범위 내에서 최선의 목표를 잡고 그 목표를 이루기 위해서 노력하는 것이 좋습니다.** 아무도 강제하지 않는 온라인 글쓰기에 스스로 규칙을 만들어서 지키도록 노력해야 합니다.

Q 아직 특별한 블로그 방향성이 없는데 정보성 글을 게시해도 괜찮을까요? 특별한 주제가 없는 블로그더라도 쓰다 보면 어느 정도 방향성이 잡힐거라 생각해 현재는 정보성 글을 쓰고 있습니다. 본질은 개인의 스토리지만 이렇게 하면서 정보성 글이나 타 블로거의 모집형 게시글을 스크랩하는 게시판 등을 만들어도 괜찮을지 궁금합니다.

A 블로그 글쓰기에는 다양한 방법이 있습니다. 제가 선호하는

글쓰기는 생각형 글쓰기입니다. 정보형 글쓰기는 정보를 올리면서 검색에 걸려서 독자를 유입하는 방식인데 1회성에 가깝습니다. 또한 정보성 글을 올리는 수많은 사람들과 경쟁을 해야 합니다. 자신이 진정으로 좋아하는 글이 아니라면 정보성 글을 올리는 것 자체가 힘들고 귀찮아질 수 있습니다. 독자들이 유입되어도 글을 보지, 사람을 보지 않기 때문에 나 자신을 브랜딩하는 것도 어렵습니다.

물론, 정보성 글을 잘 올려서 유명해지거나 꽤 많은 돈을 버는 사람들도 있습니다. 저는 방향이 다를 뿐입니다. **인플루언서가 되고 나를 브랜딩해 출판이나 사업으로 연결시키기 가장 좋은 방법은 자신의 생각과 이야기를 담는 브랜드 블로거가 되는 것입니다.** 꼭 정보성 글이나 타 블로거의 모집형 게시글을 올리고 싶다는 생각이 든다면 가끔 하시길 바랍니다. 80% 혹은 90% 이상은 나의 생각과 스토리로 블로그를 채우세요. 나의 글이 주체가 되어야만 인플루언서 블로그를 만들 수 있습니다.

 블로그 강의를 들어보면 한 가지 주제로 글을 써야 하고 이것저것 중구난방으로 쓰지 말라고 하는데 이게 고민입니다. 저는 여러 가지 주제로 쓰고 싶거든요.

A 한 가지 주제로 글을 써야 하는 몇 가지 이유가 있습니다. 누군가가 특정 블로그를 이웃 추가하는 이유는 그 블로그의 글

을 계속 읽고 싶기 때문입니다. 저도 저의 관심사에 맞는 블로그를 이웃 추가합니다. 예를 들어, 저의 관심사가 글쓰기라고 합시다. 한 블로그에서 글쓰기에 대한 좋은 노하우를 정리한 글을 읽었다면, 저는 그 블로그의 다른 글의 제목과 내용을 스쳐 가듯 볼 것 같습니다. 만약 다른 글들도 글쓰기에 대한 경험이나 노하우를 담고 있다면, 그 블로그를 이웃 추가하고 주기적으로 방문할 겁니다. 하지만 다른 글들에 주식이나 코인 등에 대한 정보를 담고 있다면(다른 정보를 담고 있다면) 저는 해당 글만 한 번 더 읽어보고 그 블로그에 이웃 추가 없이 나가 버릴 것 같습니다.

이웃 추가라는 것은 생각보다 그리 쉬운 선택이 아닙니다. 이웃을 추가할수록 기존 이웃의 글을 확인하기가 힘들어지기 때문입니다. **누군가의 이웃 추가 선택을 받기 위해서는 특정한 주제의 글을 쓰면서 전문성과 일관성을 꾸준히 어필하는 것이 좋습니다.**

Q 이제 시작하는 초보 입장에서 궁금한 것이 있습니다. 앞으로 블로그의 시장성을 어떻게 보시나요? 블로그는 이미 인플루언서들의 독점구조라고 여겨지는데 신생 블로거가 성장할 가능성이 상대적으로 낮은 것은 아닐까요? 오래된 플랫폼인 만큼 진입장벽이 높은 것 같습니다.

A 많은 분이 이런 질문을 하십니다. '블로그는 이미 독점구조다. 유튜브는 레드오션이다. 인스타그램은 사양되고 있다' 등

등. 물론, 지금 시작한다면 늦은 것은 맞습니다. 하지만 늦었다고 불가능한 것은 아닙니다. 저도 블로그를 2020년에 시작했고, X는 2022년에 시작했습니다. 모두 기존 사용자보다 10년 이상 늦게 시작한 거죠. 하지만 저는 두 세계에서 상위 1% 이내가 되었습니다. 늦었다고 인플루언서가 되지 못하는 것은 아닙니다.

저는 매년, 새롭게 진입한 루키가 크게 성장하는 것을 보고 있습니다. 남다르게 성장하는 사람들은 언제나 있고, 그 사람들은 금세 뉴비들의 선망의 대상이 됩니다. 새롭게 시작한다는 것은 또 그것만의 장점이 있습니다. **어떤 생태계든 돌고 돕니다. 언제나 그만두는 사람들이 있고 새롭게 들어오는 사람들이 있습니다.** 어쩌면, 새롭게 시작한다는 것은 그동안 쌓아온 누군가의 노하우를 이용할 수 있다는 말도 됩니다. 당신이 제대로 된 방법을 알고 꾸준히 실행할 수만 있다면 인플루언서가 될 수 있을 것입니다.

 몇 년 전에 블로그를 시작했는데, 지금은 운영을 안 한 지 2년이 넘었습니다. 다시 시작하고자 한다면 기존 블로그로 하는 것이 좋을까요? 블로그를 새로 개설해야 할까요?

A 기존에 블로그가 있다면 새로운 블로그를 굳이 개설할 필요는 없습니다. 예전에 쓰던 방식으로 쓰고 싶다면 다시 이어서 쓰면 되고, 변화를 주고 싶다면 기존 블로그의 스킨, 블로그 제목,

게시판 등을 수정하면 됩니다. 기존에 있는 글을 남겨 두어도 되고 삭제해도 괜찮습니다. 예전에 쓴 글이 부끄럽다는 생각을 하실 수 있는데 생각보다 나의 예전 글을 찾아볼 정도의 꼼꼼한 팬은 많지 않으니 남겨 두어도 큰 문제는 없습니다.

블로그 지수의 관점에서 생각할 수도 있습니다. 기존의 블로그가 일상 등을 올리던 평범한 블로그라면 지수도 평범할 것입니다. 그렇다면 지금 시점에서 다시 좋은 글을 쓰며 지수를 쌓아가면 됩니다. 블로그를 개설한 지 오래되었거나, 활동을 조금 했었다면 좋은 지수를 가지고 있을 수도 있으니 새로 블로그를 만드는 것보다 기존의 블로그를 그대로 운영하는 것이 나을 수도 있습니다.

다만, 어떤 문제로 네이버에서 경고를 받았거나, 사회 통념상 문제가 되는 글을 올렸던 블로그라면 새로 블로그를 개설하는 것이 좋을 수도 있습니다. 네이버에서 문제가 있는 블로그로 지정해 두었을 수도 있기 때문입니다. 블로그를 개설하는 것은 쉬운 일입니다. 네이버는 개인별로 3개의 아이디를 허용하고 있으니 자신의 다른 아이디로 새로 블로그를 개설해서 운영하면 됩니다.

Q 저는 공무원입니다. 블로그를 운영하고 있지만 혹시나 제가 알려질까 봐 조심스럽습니다. 저에게 강점이 될 수 있는 직장에 관련된 신상명세는 공개하는 것이 두려워서 개인적인 이야기를 못 하는데요. 자신 있게 드러내는 것이 좋을까요?

A 공무원이라면 2가지 중에 하나의 선택을 하셔야 합니다. **첫 번째로, 조직에 내가 블로그를 하는 것을 알리는 것입니다.** 기관마다 양식이 있는 것으로 알고 있습니다. 아예 떳떳하게 내가 블로그를 하고 있다는 것을 알리는 것이 마음 편할 수도 있습니다. 우리가 블로그에 글을 쓰는 것은 온라인에서 성장하고, 자신만의 영향력을 만들기 위해서입니다. 이는 향후 우리가 작가가 되는 등의 또 다른 활동을 예고합니다. 그렇기 때문에 당당하게 블로그 활동을 드러내고 시작하는 것도 좋은 방법이라고 생각합니다. 특히, 블로그에서 성장하기 위해서는 나를 어느 정도 드러내는 것이 좋습니다. 그래야 독자가 공감을 할 수 있습니다.

두 번째로, 조직에 말하지 않고 블로그를 하는 것입니다. 이때는 정체를 블로그에 드러내지 않아야 합니다. 또한, 애드포스트 등의 수익을 만들면 안 됩니다. 공무원으로서 조직에 말하지 않고 온라인 수익을 만들면 겸업 금지 조항에 걸리게 됩니다. 조용히 준비를 하다가 언젠가 직장을 그만두고 온라인 명함으로 만든 새로운 일을 하겠다는 마음을 가질 수도 있을 것 같습니다.

Q 저는 책을 출간하고 싶습니다. 책의 내용을 미리 블로그에 포스팅하는 게 좋을까요? 제가 생각하는 장점과 단점은 다음과 같습니다.

장점: 보다 퀄리티 있는 글을 포스팅하며 블로그 질 향상

단점: 블로그에 올린 후 그 내용을 짜깁기하는 것으로 비춰질 여지가 있음

A 저는 책의 내용을 미리 블로그에 포스팅하는 것을 추천합니다. 말씀하신 장점이 단점보다 훨씬 큽니다. 언급하신 것처럼 보다 좋은 글을 블로그에 올리게 됩니다. 내가 애초에 책을 쓰겠다는 생각으로 블로그 글을 쓰기 때문에 좋은 글을, 주기적으로 올릴 수밖에 없습니다. 주제도 통일이 될 것이고, 흐름도 좋아질 것입니다. 당신의 글을 좋아하는 팬도 생길 수 있습니다.

물론, 짜깁기로 비춰질 수도 있지만 생각해 보십시오. 당신의 글을 모두 읽는 사람은 극소수입니다. 대부분의 사람은 한두 개의 글을 읽어보았을 것입니다. 그래서 당신의 책을 샀을 때 블로그 글을 모두 읽은 상태로 책을 읽는 사람은 거의 없을 것입니다. 또한, 블로그 글이 그대로 책이 되는 것은 아닙니다. 구조를 만들고, 표현을 바꾸고, 필요하면 새로운 글들도 넣으면서 블로그 글이 책으로 재탄생하는 것입니다. 그래서 저는 블로그 글을 묶어 책으로 출간하는 방식을 추천합니다.

Q 저는 블로그, X, 스레드를 모두 하고 있는데요. 같은 콘텐츠를 이 3개에 동일하게 올려도 괜찮을까요?

A 앞서 세 플랫폼에 OSMU를 해야 한다고 설명드렸습니다. **한 가지 콘텐츠를 가지고 3개의 플랫폼 혹은 그 이상의 플랫폼에 올리는 것입니다.** 기본적으로 블로그, X, 스레드의 유저들이 다릅니다. 일부는 같을 수 있지만, 그 사람들이 당신의 블로그, X, 스레드의

글을 모두 읽는다는 보장은 전혀 없습니다. 혹시나 중복해서 읽으면 또 어떻습니까? 당신은 좋은 콘텐츠를 올렸을 것이고 그렇기 때문에 중복해서 읽는다면 그 또한 좋은 일입니다.

저는 지금까지 몇 년에 걸쳐서 다양한 플랫폼에 OSMU 방법으로 올렸지만, 중복되어 보기 싫다는 이야기를 들은 적은 거의 없습니다. 일부 있다고 해도 더 많은 사람에게 나의 콘텐츠를 노출시키고 알리는 장점에 비해 매우 미약한 단점이 될 것 같습니다.

 Q 콘텐츠를 쌓은 다음 1천 원을 만드는 과정을 알고 싶어요. 그러니까 콘텐츠를 가지고 Zero To One을 창조하고 싶다는 말입니다. 온라인 판매의 맛을 어떻게 느껴야 되는 건지 궁금합니다.

 A 네이버 블로그를 통해서 가장 쉽게 소액의 수익을 만드는 방법은 전자책을 쓰는 것입니다. 우선, 전자책의 주제를 정합니다. 그리고 전자책에 들어갈 대략의 내용을 가지고 블로그에 글을 쓰기 시작합니다. 어설퍼도 괜찮습니다. 조금씩 수정하면서 더 좋은 글로 만들면 됩니다. 어느 정도 글이 완성되면 전자책 디자인을 한 뒤에 블로그에 공지를 씁니다. 한 권에 1천 원이라고요. 그러면 그동안 당신의 글을 읽어온 독자 중에서 누군가는 정말 책을 보고 싶은 심정으로 혹은 응원의 심정으로 당신에게 1천 원을 지불하고 전자책을 구매할 것입니다. 그러면 당신은 전자책 링크를 보내 주면 됩니다. 이 방

식으로 1만 원 이상의 수익을 거둘 것입니다.

이것이 끝이 아닙니다. 이 과정으로 당신은 후기를 얻을 수 있고, 독자의 피드백으로 전자책을 더 발전시킬 수 있으며, 당신의 전자책이 돈이 된다는 사실도 알았을 겁니다. 다음 단계는 더 좋은 전자책으로 업그레이드해서 더 높은 가격으로 판매하는 것입니다. 이 단계들을 밟다가 나중에는 다른 주제의 전자책으로 다시 시작하는 것입니다. 이런 과정을 반복하면 1천 원이 아니라 수천만 원도 벌 수 있습니다. 온라인에서 수익을 만드는 것은 그리 어려운 일이 아닙니다. 당신은 가치를 전달하고 독자에게 그에 해당하는 수익을 얻으면 되는 것입니다.

Q **저는 글을 쓰는 것이 두렵습니다. 남들이 저의 부족한 모습을 볼까 봐, 비난을 받을까 봐 두렵습니다. 어떻게 두려움을 떨칠 수 있을까요?**

 자주 듣는 질문입니다. 제가 처음 블로그 글을 쓸 때가 생각납니다. 이게 뭐라고 블로그에 글을 쓴다는 것이 참 어렵더라고요. 첫 번째 글을 쓰기 위해서 몇 시간을 붙들고 있고 수정을 반복하다가 발행을 누르기 전까지 고민했던 기억이 납니다. 발행 후에 혹시나 누가 무슨 이야기를 할까 봐 몇 분 단위로 댓글을 읽고 또 읽고 하던 기억도 납니다.

오랜 기간 블로그를 쓰면서 알게 된 것은 우리는 타인에게 큰 관심이 없다는 것입니다. 제가 처음 쓴 글에는 당연하게도 아무런 댓글이 달

리지 않았고 조회 수도 5를 넘기지 못했습니다. 생각해 보면 당연한 일입니다. 이웃 수 0명의 블로그에 처음 쓴 글을 누군가 읽는다는 것이 오히려 이상한 일이겠지요. 반대로 생각하면, 누군가 나의 블로그에 방문하고 관심을 보이고 공감을 해 주고 댓글을 단다는 것은 참으로 놀라운 일입니다. 바쁜 자신의 일상을 쪼개어 저의 글을 읽고 반응을 하고 답변을 해 준다는 것이니까요. 우리는 이런 행위를 감사하다고 생각할 필요가 있습니다.

너무 걱정하지 마시라고 말하고 싶습니다. 나의 글이 타인에게 읽히기 시작한다는 이야기는 내가 알려졌다는 이야기입니다. 글을 쓰면서 나는 발전하는 중인 것이고 타인의 댓글 등은 내가 더 좋은 글을 쓰는 조언이 될 수 있습니다. 나 혼자 쓰는 글에서 결점을 찾기는 쉽지 않습니다. 하지만 이웃의 피드백을 통해서 내가 발전할 수 있는 재료를 모을 수 있습니다. 그래도 타인의 시선이 신경 쓰인다면 최대한 익명성을 유지하십시오. 블로그는 기본적으로 익명성에 기반합니다. 블로그의 아이디와 사진을 굳이 나의 이름과 나의 사진으로 할 필요가 전혀 없습니다. 제가 직장 생활을 하면서도 블로그를 쓸 수 있었던 이유는 익명성을 가질 수 있었기 때문입니다. 익명성은 나를 내보이는 두려움을 어느 정도 해소시켜 줄 것입니다.

 저도 꾸준히 글을 쓰고 블로그 등을 키우고 싶은데 항상 중간에 포기합니다. 의지를 다질 수 있는 좋은 방법이 없을까요?

A저는 블로그에 2년 동안 매일 글을 썼습니다. 매일 쓴 정도가 아니라 하루에 3~4개씩 올렸습니다. 하나의 습관이 되었던 것이지요. 그런 저도 블로그를 하지 않았던 시기가 있었습니다. 최대 6개월을 쓰지 않았습니다. 한 번 쓰지 않으니까 관성이 생겨서 계속 쓰지 않게 되더군요. 습관이라는 것이 참 무서운 것 같습니다. 블로그에 글을 쓰는 습관도 쓰지 않는 습관도 관성이 되어 그 행위를 지속하게 만듭니다. **결국 블로그를 꾸준히 하기 위해서 가장 중요한 것은 블로그 글쓰기를 습관으로 만드는 것입니다.**

저는 매일 아침 일어나서 블로그, X, 스레드, 인스타그램에 1개씩의 포스팅을 올립니다. 단 하루도 빠짐없이 이렇게 하고 있습니다. 4종에 대한 포스팅을 하지 않으면 하루를 시작하지 않습니다. 이는 하나의 강력한 습관이 된 것이죠. 제가 스스로 습관을 만들고 있는 것입니다. 이런 방식으로 강제로 습관을 만들면 결국 습관이 나를 반복하게 만들어 줄 것입니다.

목표를 작게 잡는 것도 좋은 방법입니다. '블로그 글을 1년 동안 매일 써야지'보다 '이번 주에 블로그를 매일 써야지'로 목표를 정하는 것이 더 현실적이고 보상도 빠릅니다. 너무 높은 목표는 나를 주눅 들게 해서 포기하게 만듭니다. 작은 목표를 세우시고 작은 목표를 반복해서 성취해 보세요. 작심삼일도 120번 반복하면 1년을 지속할 수 있는 법입니다.

Q 저는 책 읽는 것이 어렵습니다. 책을 읽지 않고도 지식을 습득하는 좋은 방법이 있을까요?

 A 저는 인풋이 있어야 아웃풋이 있다고 생각합니다. 제가 좋은 글을 쓸 수 있었던 이유는 10~20대에 수많은 독서를 했기 때문입니다. 저는 학창 시절에『삼국지』등의 소설을 읽는 것을 좋아했고 20대에도 많은 독서를 했습니다. 이런 독서량이 쌓여서 좋은 생각을 하고 좋은 문장을 쓸 수 있었다고 생각합니다.

만약 독서가 어렵다면 쉬운 책을 읽는 것에 도전해 보세요. 저는 만화책도 나쁘지 않다고 생각합니다. 정말 독서가 쉽지 않다면 유익한 만화책으로 시작해 보는 것도 좋습니다. 그러다가 쉽게 쓰인 책에 도전해 보세요. 책도 많은 종류가 있습니다. 생텍쥐페리의『어린 왕자』나 파울로 코엘료의『연금술사』등은 담고 있는 교훈에 비해 짧고 읽기 쉬운 책입니다.

만화책이나 쉬운 책에 어느 정도 익숙해졌다면 조금씩 더 어려운 책으로 도전해 보세요. 이렇게 단계적으로 나의 독서 수준을 높여간다면 나중에는 평균 수준 이상의 책도 쉽게 읽을 수 있을 것입니다. 모든 것에는 순서가 있는 법입니다. 한 조사에 따르면 대한민국 국민 50%가량이 1년에 책을 1권도 읽지 않는다고 합니다. 이런 질문을 주신 것 자체가 매우 긍정적인 신호입니다. 1년에 책 1권을 읽는다면 상위 50%가 되고 1년에 책 5권 이상을 읽는다면 자신을 더 차별화할 수 있을 것입니다. 단계적으로 접근하시기 바랍니다.

오디오북을 듣는 것도 도움이 됩니다. 저도 장거리 운전을 할 때 제가 관심 있는 책의 오디오북을 듣곤 했습니다. 하지만 귀로 듣는 것은 눈으로 읽는 것만큼 효과가 있다고 생각하지는 않습니다. 책을 읽는 것은 높은 집중력을 유지시켜 주고 나의 템포를 유지하게 합니다. 하지만 오디오북을 들으면 산만해질 수 있고, 일정한 템포에 내가 따라가야 하니 내 생각의 흐름에 내용을 일치시키기 어려운 부분이 있습니다.

Q 저는 책을 쓰는 것이 꿈입니다. 하지만 제가 작가도 아니고 글쓰기 능력, 문장력도 모두 부족합니다. 어떻게 시작하는 것이 좋을까요?

A 한 가지 명심해야 할 것은 처음부터 작가인 사람은 아무도 없다는 것입니다. 우리가 아는 모든 작가도 초보 시절이 있었습니다. 우리가 하는 모든 말과 글은 학습된 것입니다. 처음부터 잘하는 사람은 없습니다. 모두 배우고 학습하고 깨지고 깨친 결과입니다. 저는 누구나 노력하면 좋은 블로거, 좋은 작가가 될 수 있다고 생각합니다. 당신이 아직 블로거나 작가가 아니라면 아직 시도하지 않았기 때문입니다. 아직 노력하지 않았기 때문입니다. 지금부터 시작하면 됩니다. 지금부터 노력하면 됩니다.

이 책에는 블로그나 여러 SNS에 좋은 글을 쓰고 나를 알리는 방법을 적어 두었습니다. **좋은 글을 읽고 나의 글을 많이 써 보는 것이 가장 기본입니다.** 지름길은 없습니다. 누구나 남의 글을 읽고 남의 글을 써 보는 과정을 반복해 결국 자신의 글을 완성시키는 것입니다.

책을 쓰는 것이 꿈이라면 블로그에 글을 쓰는 것부터 시작하면 됩니다. 내가 쓰고 싶은 책의 주제를 생각해서 블로그도 동일한 주제로 만들어 보십시오. 그리고 매일 그 주제에 맞는 내용을 한 편씩 써 보세요. 매일매일 어제보다 조금 더 나은 오늘의 글을 써 보세요. 그렇게 반복해서 쓰다 보면 당신의 블로그 자체가 한 권의 책이 될 것입니다. 제 주변에는 블로그 글을 엮어서 책을 내신 분들이 많습니다. 저의 첫 책도 그렇게 탄생했습니다. 경험이 없는 초심자가 작가가 되기 제일 좋은 방법은 블로그 등을 통해서 매일 글을 쓰고, 그 글을 엮어서 책으로 내는 것이라고 생각합니다. 하루아침에 작가가 되는 사람은 없습니다. 당신의 하루가 쌓여서 당신의 인생을 만드는 법입니다.

Q 저는 블로그에 쓰고 싶은 주제가 2개입니다. 한 가지 주제로 집중해야 한다는 말을 자주 듣는데, 그럼 블로그를 2개 운영하는 것은 어떨까요?

A 저는 하나의 블로그에 하나의 주제를 담는 것이 좋다고 생각합니다. 그래야 전문성이 생길 수 있습니다. 여러 주제를 쓰면 전문성이 생기기 힘들고 또한 다른 사람이 당신의 블로그에서 전문성을 느끼기가 힘듭니다. 그럼에도 불구하고 여러 주제로 블로그를 쓰

고 싶다면 좋은 방법이 있습니다. **가장 좋은 방법은 여러 주제를 쓰되 전체를 아우르는 키워드를 정하는 것입니다.** 예를 들어 저는 '따뜻한 통찰'로 블로그 이름을 정하고 모든 글에서 따뜻한 통찰을 제시하려고 노력합니다. 제가 저의 삶에서 느끼는 다양한 주제를 글로 쓰지만 늘 따뜻한 시선에서 통찰을 끌어내는 글을 쓰려고 합니다. 저는 이런 방식으로 제 블로그에 통일성을 유지하고 있습니다. 이런 방식으로 당신만의 키워드를 만들어 보세요. 유머가 될 수도 있고, 냉철함이 될 수도 있고, 풍자가 될 수도 있을 것입니다. 이웃이 당신의 블로그에 방문할 때 특정 키워드를 기대할 수 있게 만들어 주세요. 그렇게 되면 여러 주제로 글을 쓰는 것도 가능해질 것입니다.

여러 주제를 쓰고 싶어서 블로그를 여러 개 운영하는 것은 좋은 방법이 아닙니다. 현실적으로 블로그 한 개를 제대로 키우는 것도 쉽지 않습니다. 여러 블로그에 여러 글을 올릴 시간과 노력에 하나의 블로그를 제대로 키우는 편이 훨씬 낫습니다. 그리고 X나 스레드와 같이 조금은 더 쉽지만 휘발되는 공간에 내가 블로그에 쓴 글을 압축하거나 일부의 내용을 올리면서 OSMU(One Source Multi Use)를 하는 것이 좋습니다.

정리하면, 되도록 1개의 주제로 글을 쓰되 여러 개를 쓰고 싶다면 자신만의 키워드를 만들어서 여러 주제를 포용할 수 있도록 만들어 보세요. 블로그는 여러 개가 아니라 하나를 제대로 키우는 것이 훨씬 좋습니다. X와 스레드 등에서도 같은 주제로 이야기하는 것이 좋습니다.

Q 많은 강사들이 키워드 노출을 강조합니다. 부아c 님은 키워드 노출이
필요하지 않다고 생각하세요?

 A 키워드 노출을 강조하는 강사들의 강의를 들으면 이런 이야
기를 자주 합니다.

"제목에 키워드를 넣고 본문에 그 키워드를 4~5번 반복하세요. 그러면
상위 노출이 됩니다. 사진은 최소한 3~4개 이상은 넣으세요."

구체적인 숫자는 조금씩 달라지지만 이런 반복을 통해서 내 포스팅을
상위 노출시키는 방법을 알려줍니다. 이런 방식이 나의 사업을 홍보하
는 것에 도움이 될 수 있을 것입니다. 하지만 개인이 이런 방식으로 블
로그를 운영하면 여러 가지 문제가 생깁니다. 키워드에 집중할 때 대
표적으로 생기는 몇 가지 문제를 언급해 봅니다.

첫 번째로, 키워드 작업은 내 글의 자연스러움을 훼손합니다. 내가 쓰
고 싶은 글이 아니라 블로그 로직에 맞는 글을 쓰게 됩니다. 이런 방식
으로 글을 쓰게 되면 결국 내가 로직을 위해서 글을 쓰는 사람이 됩니
다. 당신의 글을 읽는 사람들은 이런 부자연스러움을 금방 알아차릴
것입니다. 이런 방식을 반복하면 점점 당신의 블로그에서 사람들이 떠
나게 될 것입니다. 상업적인 글, 만들어진 글을 좋아하는 사람은 없습
니다.

**두 번째로, 키워드 작업은 나의 글이 아니라 유행하는 글을 쓰게 만듭
니다.** 키워드가 중요하다면 좋은 키워드를 찾게 되고, 지금 유행하는

키워드를 찾게 될 것입니다. 결국 내가 쓰고 싶은 글이 아니라 지금 가장 핫한 주제를 찾아다니게 됩니다. 이런 식의 글쓰기는 나를 성장시키는 것이 아니라 키워드를 찾는 기계로 만들게 됩니다.

세 번째로, 키워드 작업은 수많은 경쟁에 자신을 밀어 넣는 작업입니다. 수많은 사람이 특정 키워드로 경쟁을 합니다. 실력이 좋고 운이 좋아 키워드 상단에 자리한다 해도 경쟁에 의해서 다시 밀려나는 일이 허다합니다. 이를 반복한다는 것은 결국 레드오션에서 지속적으로 밀고 당기는 싸움을 하는 것입니다.

제가 본문에서 이야기했듯, 내 블로그의 품질이 높아지면 자연스럽게 네이버에 노출이 됩니다. 체류 시간과 재방문율을 높이면 내 블로그 품질이 높아지고 키워드 작업 없이도 블로그가 상위 노출됩니다. 저는 체류 시간이 4분이 넘고 재방문율도 50%가 넘습니다. 이렇게 되니 저의 블로그 글은 늘 상위 노출이 되는 편입니다. 좋은 글을 쓰는 것, 키워드 작업을 하는 것 중에 무엇이 우선인지 잘 생각해야 합니다.

 블로그는 몇 년 운영했지만 이웃 수가 잘 늘어나지 않습니다. 인스타나 유튜브는 상대적으로 팔로워 수가 잘 늘어나던데, 그런 매체에 집중하는 것이 더 낫지 않을까요?

 네이버 블로그는 키워드에 의해서 상위 노출이 되는 경우도 있지만 대부분은 이웃의 피드에 뜨는 정도에 그치며 인스타그램처럼 알고리즘에 의해서 빠르게 움직이지 않습니다. 그래서 블로그 이웃을 늘리는 것은 상대적으로 어려운 일입니다. 반면에 인스타그램, 유튜브, X는 팔로워가 별로 없더라도 특정 게시물이 수십만, 수백만 명에게 노출될 수 있습니다. 이웃이 거의 없었던 계정도 하루아침에 수만, 수십만의 팔로워를 가지게 되는 경우도 가끔 생깁니다.

하지만 중요한 것은 블로그 이웃의 충성도가 높고 인스타그램 등은 충성도가 낮다는 것입니다. 제 개인적인 느낌으로는 블로그의 1/10이 충성 이웃이 되는데 인스타그램은 1/50 정도인 것 같고 유튜브도 비슷합니다. 예를 들어, 제 블로그 이웃이 5만 명이면 5,000명의 이웃이 글을 읽어줍니다. 실제로 제 블로그 이웃이 5만 명일 때 제 글의 평균 조회수가 5,000회 정도였습니다. 반면에 제 인스타그램의 팔로워가 5만 명이라고 생각하면 제 게시글을 매번 읽어주는 팔로워는 1,000명 정도입니다. 그 외에는 알고리즘에 의해서 제 글을 보는 정도이며 정작 제가 누구인지는 관심이 없습니다. 그만큼 블로그는 집중도가 높은 매체이고 인스타그램이나 유튜브 등은 그렇지가 않습니다.

그래서 저는 블로그가 가장 중요하다고 강조하는 것입니다. 글쓰기의 본질에 가깝고 이웃이 늘 3~4분 정도 시간을 할애하면서 느긋하게 머무는 공간입니다. 누구나 자신의 이야기를 천천히, 깊숙이 할 수 있는 공간입니다. 때문에 블로그를 긴 호흡을 가지고 꾸준하게 키워가시기를 바랍니다. 블로그는 온라인 명함의 본진이라고 생각해서야 합니다.

Q 요즘은 많은 사람이 글보다는 영상을 보는 것 같습니다. 글을 쓰는 것
보다는 영상을 만드는 것이 낫지 않을까요?

A 맞는 이야기입니다. 지하철을 타면 대부분의 사람이 영상
을 보거나 게임을 하고 있습니다. 글을 읽고 있는 사람은 소
수에 불과합니다. 유튜브, 틱톡, 릴스 등을 소비하는 사람이 블로그
나 X의 글을 읽는 사람보다 훨씬 많은 것이 현실입니다. 그리고 앞으
로 이 추세는 점점 더 심해질 것입니다. 그럼에도 불구하고 글을 읽
는 사람은 여전히 존재합니다. 아니, 영상이 대세가 될수록 사람들은
다시 글을 그리워할 거라고 생각합니다. 영상은 휘발이 되고 시간 때
우기에 불과한 경우가 많지만 글을 실제로 나의 삶에 긍정적인 영향
을 미치기 때문입니다. 그런 글에 대한 긍정적인 효과는 점점 강조될
것입니다. 최근에 글쓰기를 주제로 한 책들이 큰 인기를 끄는 것도
그런 이유입니다.

또한 글은 본질에 가깝습니다. 사람의 생각이 본질이라고 하면 글은
생각을 1차로 가공한 것입니다. 영상은 글을 2차로 가공한 것입니다.
모든 영상에는 대본이 있어야 하고 대본은 애초에 글로 존재했던 것
입니다. **반대로 이야기하면 결국 좋은 영상을 만들기 위해서 좋은 글
이 존재해야 한다는 것입니다.** 앞으로 AI 기술이 더 가속화된다는 것
도 문제입니다. AI는 앞으로 글과 영상을 찍어낼 것입니다. 그렇게
된다면 인간의 글과 영상은 어떤 차별화가 될까요? 결국 인간이 자신

의 경험과 진심을 담는 스토리를 풀어내야만 AI와 차별화가 된다고 봅니다. 그런 경험과 스토리는 결국 글로 먼저 담기는 것이고 그렇기에 글이 영상에 우선할 수밖에 없습니다.

저도 영상 만드는 것을 좋아합니다. 최근에 많은 릴스와 쇼츠를 올리면서 영상 쪽도 시도하고 있습니다. 이미 수백만의 조회를 넘는 영상을 여러 개 만들어 보았습니다. 그러면서 느끼는 것이 결국 영상 이전에 글이 중요하다는 것입니다. 좋은 글과 스토리를 쓸 수 있어야 좋은 영상도 만들 수 있는 법입니다. 글과 스토리를 담지 않고 있는 영상은 거의 없습니다.

Q 부아c 님이 강조하는 3종(블로그, X, 스레드) 이외에 인스타그램을 키우는 것도 도움이 될까요?

A 글에 가장 가까운 것은 블로그이며, 그다음이 스레드와 X라고 생각합니다. 블로그는 기본적으로 긴 글을 쓰는 공간이고 스레드는 짧은 글을 쓰는 공간입니다. X는 더 짧은 글이 빠르게 트윗이 되는 공간입니다.

인스타그램은 조금 결이 다릅니다. 우선은 사진을 기본으로 글이 추가되며, 최근에는 릴스라는 1분 30초 이내의 영상이 인스타그램의 주요 콘텐츠가 되고 있습니다. 최근에 저는 인스타그램을 적극적으로 키우고 있습니다. 저는 계속 새로운 것에 도전하고 있습니다. 1만 정도까지는 기존의 팬층으로 만들어졌고 다시 4만 팔로워를 모으는 데 2달 정도의 시간이 걸렸습니다. 제가 X에 올렸던 글에 이미지를 입혀서 카드 형태로 만들어 올리기도 하고 제가 영상 기술을 익혀서 영상을 올리기도 합니다.

인스타그램에 대해서 제가 경험한 것은 다른 플랫폼에 비해 팔로워를 늘리는 것이 수월하다는 것입니다. 인스타그램의 알고리즘을 잘 탄다면 수만의 팔로워를 모으는 것이 그리 어렵지 않습니다. 누구나 노력하면 몇 달 안에 가능하다고 생각합니다. 중요한 것은 무엇을 하든 블로그가 가장 기본이고 글을 중심으로 한 X나 스레드를 성장시키는 것이 내실을 다지는 데 유리하다는 것입니다. 제가 강조하는 3종을 잘하게 되면 인스타그램도 잘할 수밖에 없다고 생각합니다.

Q 시중에 많은 SNS 강연이 있습니다. 강연을 듣는 것이 블로그나 인스타그램 등을 키우는 데 도움이 될까요?

A 맞습니다. 특히, 블로그나 인스타그램 강의가 매우 많습니다. X와 스레드도 강의가 있습니다. 무료 강의도 많고 유료 강의도 많이 있습니다. 저는 여러 SNS를 운영하면서 제 눈에 보이는 무료 강의는 대부분 들었습니다. 일단 강의를 틀어놓고 블로그 글을 쓰거나 정보를 찾는 것을 병행했습니다. 강의에만 집중하지 않은 이유는 강의를 듣다 보면 많은 경우 중복이 되거나 필요하지 않은 정보이

기 때문입니다.

하지만 모든 강의는 한두 가지라도 배울 점이 있습니다. 아무리 좋지 않은 강의라도, 아무리 무료라도 수십, 수백 명을 위한 강의에 도움이 되는 내용이 하나도 없을 수는 없습니다. 저에게 필요한 것을 하는 사이에도 그런 것을 한두 가지 얻을 수 있다면 매우 큰 이익입니다. 제가 배운 한두 가지가 저의 SNS 운영이 큰 도움이 되는 경우가 있었기 때문입니다.

10개의 강의를 들으면 1~2개는 매우 좋았고, 대부분은 평이하거나 기대 이하였습니다. 하지만 무료로 들을 수 있다면 적극적으로 듣는 것이 좋습니다. 오프라인보다는 온라인으로 듣는 것이 좋고, 내가 다른 일을 하면서 참고하는 수준으로 들으면 시간 낭비도 줄일 수 있습니다. 뛰어난 유료 강의도 있습니다. 내가 정말 필요하다면 비용을 지불해서라도 업계 최고에게 배우는 것이 필요합니다. 제가 아는 한 블로거는 100만 유튜버에게 비용을 지불하고 유튜브를 배워 한 달 만에 10만 구독자를 만들었습니다. 돈을 지불해야 할 가치 있는 정보가 있습니다. 다만, 내가 배울 사람이 진짜인지 확인을 해야 합니다. 저는 자신의 팔로워가 100명도 안 되는 사람이 인스타그램 강의를 하는 경우도 본 적이 있습니다.

저는 '나를 위한 글이 결국 남을 위한 글'이라고 생각합니다. 자기 자신을 위해 쓴 글이 다른 사람을 위해 쓴 글보다 더 좋을 수 있습니다. 나에게 도움이 되는 글은 남에게도 도움이 되기 때문입니다. 누구나 자기 자신에게는 진심으로 도움이 되는 글을 쓸 수 있기 때문입니다.

저는 이 글을 과거의 저를 위해 썼습니다. 지금은 닿을 수 없는 20~30대의 저를 위해서 썼습니다. 그 당시에 제가 알았으면 좋았을 것들에 대해서 말이죠. 이런 저의 글이 20~30대의 저에게 닿을 수 없더라도 지금 그 나이에 있는 누군가에게 닿았으면 좋겠다는 마음이었습니다. 그렇게 닿아서 누구든 원하는 삶을 사는 데 조금이라도 도움이 되었으면 좋겠다고요.

저는 저의 글, 책, 강의 등을 통해 1,000명이 넘는 분들이 SNS에서 성장하는 모습을 지켜보았습니다. 마지막으로 이 책에 담지 못한 한 가지를 당부합니다.

제가 아무리 많은 이야기를 한다 해도, 자신만의 방법을 찾아야 한다는 것입니다. 처음에는 다른 사람의 조언이나 노하우가 도움이 될 수 있습니다. 하지만 결국 자기 자신만의 길을 걸어야 할 것입니다. 누군가를 따라만 하는 사람은 평생 그 한계를 뛰어넘을 수 없습니다.

15세기에 쓰인 『석보상절』에서 '아름답다'를 '아(我)답다'라고 표현하는데 여기서 '아(我)'는 '나'라는 뜻이기 때문에 '아름답다'는 곧 '나답다'에서 유래했다고 합니다. 가장 나다운 사람, 가장 나다운 것을 보여줄 수 있는 사람, 그 사람이 가장 아름다운 사람입니다. 자신의 길을 걷는 사람이 가장 아름다운 것이지요.

저는 이 책을 통해서 저의 생각과 가이드만 제공할 뿐입니다. 자신만의 방법으로 성장하는 방법을 알아야 합니다. 글을 쓰는 것 자체가 당신을 특별하게 만들어 줄 것입니다. 아직 사람들에게 가닿지 않았다 하더라도, 시작하는 마음 자세가 이미 당신을 특별하게 만들어 주는 것입니다. 지혜로운 분들은 처음에는 저의 조언을 듣지만 이내 자신만의 방법을 찾아냈습니다. 처음에는 저를 따라 하거나 저의 방법을 적용해서 블로그 등을 운영했지만 조금씩 자신의 방법을 만들어서 결국 다른 방식으로 운영했습니다. 누구나 좋아하는 방식이 다를 수밖에 없습니다. 처음에는 조언을 얻되 결국은 자신만의 길을 걸어가야 하는 것입니다.

글쓰기를 하기에 어렵지 않은 시대입니다. 글쓰기에 드는 비용도 없습니다. 이 얼마나 좋은 시대입니까? 불과 100년 전까지만 하더라도 글쓰기에는 막대한 비용이 필요했습니다. 붓이 있어야 했고, 벼루가 있어야 했고, 종이가 있어야 했습니다. 돈이 있는 사람들만 글을 쓸 수 있었고 더 많은 돈이 있어야만 책을 쓰거나 책을 구입할 수 있었습니다. 지금은 스마트폰이나 컴퓨터만 사용할 수 있다면 누구나 글을 쓰고 심지어 책도 발행할 수 있습니다. 하지만 이런 용이함을 누구나 이해하고 있는 것 같지는 않습니다. 대한민국 성인의 50% 가까이는 1년에 책 1권도 읽지 않습니다. 전자책이나 그 어떤 간단한 책이라도 발행해 본 사람은 전체 인구의 10%도 되지 않을 것입니다. 우리 대부분은 소비자의 삶에 익숙하고, 주어진 대로 사는 삶을 좋아하기 때문입니다.

앞으로 미래에는 각자가 각자의 삶을 책임지는 삶을 살아야 할 것입니다. 그 누구도 나의 삶을 책임지지 않습니다. 누구나 글을 비용 없이 쓸 수 있는 시대에 자신만의 소중한 온라인 명함을, 자신만의 소중한 브랜드를 만드시길 바랍니다. 새로운 시대의 부는 생각 나눔에 있습니다.

오늘날 유튜브, 틱톡, 인스타그램 등의 개인 미디어 범람으로 인격과 선악에 상관없이 많은 인플루언서가 탄생하고 있습니다. 그중 나쁜 사람이 많으면 나쁜 사회가 되고, 좋은 사람이 많으면 좋은 사회가 될 것입니다. 이들이 세상에 미치는 영향력이 점점 커지고 있기 때문입니다. 이는 대한민국 미래의 중요한 부분이라고 생각합니다.

내가 좋은 사람이라면 나를 알려야 하는 사명이 우리에게 있습니다. 내가 좋은 사람인데 나의 영향력을 키우지 않는 것은 직무유기입니다. 내가 해야 할 일을 하지 않는 것입니다. 많은 사람들이 불합리한 세상을 욕합니다. 하지만 세상을 욕해 봐야 바뀌는 것은 없습니다. 그보다는 내가 조금이라도 더 좋은 세상을 만드는 것에 글과 말로써 기여하는 것이 훨씬 좋은 방법입니다.

만약 내가 충분히 선하지 않으면 더 선한 마음을 먹고, 충분한 능력이 없으면 더 능력을 키우면 됩니다. 동시에 나의 생각을 세상에 알리고, 나의 영향력을 키우고, 나의 채널을 통해서 세상에 좋은 메시지를 전달하면 됩니다. 그러면 스스로가 감화되고 타인도 감동하고 우리가 사는 이 세상도 감동할 것입니다. 내가 선한 마음과 말과 글을 세상에 전달하면 대한민국은 더 살기 좋은 곳이 될 것입니다. 그렇게 대한민국이 더 좋은 사회가 되면 당신은 애국을 한 것입니다. 애국이 거창한 게 아닙니다. 내가 있어서 이 세상이 조금이라도 더 좋은 곳이 되면 당신은 이 사회에 큰 공헌을 하고 있는 것입니다.

나는 대한민국에 좋은 마음을 가진 선한 인플루언서가 더 많아졌으면 좋겠습니다. 내 글이 그런 세상을 위해 작은 도움이 되었으면 좋겠습니다. 당신이 바로 그런 사명을 가진 사람이 되었으면 좋겠습니다.

이 책에는 저의 4년 노하우 중 가장 중요한 부분만을 담았습니다. 진정성 있는 플랫폼을 운영하는 사람이 더 많아졌으면 하는 저의 마음이 당신에게 가닿았으면 좋겠습니다. 추가 질문이 있으시면 제 블로그에 방문해 주십시오. 질문을 주시면 가능한 한 답변 드리도록 하겠습니다. 저는 당신이 1만, 3만, 5만, 10만 혹은 그 이상의 팔로워를 가진 인플루언서가 되었으면 좋겠습니다. 선한 마음을 가진, 사랑을 나누는 사람이 되었으면 좋겠습니다. 스스로를 이롭게 하는 것을 넘어서 주변을 이롭게 하고, 세상을 이롭게 하는 사람이 되었으면 좋겠습니다. 더 많은 사람들이 그런 역할을 할 때 세상은 좀 더 살 만한 곳이 될 것입니다.

당신은 그렇게 될 수 있고, 또 그렇게 될 것입니다.

각자의 정상에서 만납시다.

저슷두잇.

부를 끌어당기는 글쓰기

2024년 2월 14일 초판 1쇄 발행
2024년 2월 15일 초판 2쇄 발행

지은이 | 부아c
펴낸이 | 이종춘
펴낸곳 | (주)첨단

주소 | 서울시 마포구 양화로 127 (서교동) 첨단빌딩 3층
전화 | 02-338-9151
팩스 | 02-338-9155
인터넷 홈페이지 | www.goldenowl.co.kr
출판등록 | 2000년 2월 15일 제2000-000035호

본부장 | 홍종훈
편집 | 문다해
편집 지원 | 한슬기
교정 | 정윤아
디자인 | 유어텍스트, 조수빈
전략마케팅 | 구본철, 차정욱, 오영일, 나진호, 강호묵
온라인 홍보마케팅 | 이보슬
제작 | 김유석
경영지원 | 이금선, 최미숙

ISBN 978-89-6030-627-1 03320

황금부엉이에서 출간하고 싶은 원고가 있으신가요? 생각해보신 책의 제목(가제), 내용에 대한 소개, 간단한 자기소개, 연락처를 book@goldenowl.co.kr 메일로 보내주세요. 집필하신 원고가 있다면 원고의 일부 또는 전체를 함께 보내주시면 더욱 좋습니다. 책의 집필이 아닌 기획안을 제안해주셔도 좋습니다. 보내주신 분이 저 자신이라는 마음으로 정성을 다해 검토하겠습니다.